묻고 따져서 풀어보는 한국말

묻고 따져서 풀어보는 한국말

최봉영 지음

머리말

저마다 '묻따풀 한국말'로 나아가는 디딤돌이 되기를

'케이(K)'라는 영어 머리글자가 온 누리에 이름을 떨치고 있다. 케이 팝(K-pop), 케이 드라마(K-drama), 케이 푸드(K-food), 케이 컬처(K-culture)라고 할 때 '케이(K)'는 '코리아(Korea)'로, 원래 고려와 고려사람을 가리킨다. 그리고 한국사람, 한국말, 한국문화라고 할 때 '한(韓)'은 가까이는 대한민국과 대한민국사람을, 멀리는 조선과 조선사람을, 아주 멀리는 삼한(三韓)과 삼한사람을 가리킨다.

 즉, '케이(K)'와 '한(韓)'은 삼한, 고려, 조선, 대한민국은 물론이고 부여(國), 고구려, 백제, 신라, 가야 등 한국말을 바탕으로 하나의 무리를 이룬 겨레를 모두 아울러서 일컫는 말이다. 시대와 지역, 나라는 서로 다를지라도 한국말을 바탕으로 함께 어울려 살아오고, 살아가는 점에서 하나로 묶일 수 있다. 그들은 한국말로 머리가 돌아가고, 한국말로 머리를 굴리고, 한국말로 머리를 쓰는 까닭에 깨어 있을 때는 한국말로 이야기를 주고받고, 잠이 들면 한국말로 꿈을 꾼다. 이들이 함께 문화를 가꾸고, 문명을 일으키고, 역사를 만들어 오늘에 이르렀다.

─── 이토록 섬세한 한국말

사람들은 살아가면서 말이 가진 힘을 살려서 느끼고, 알고, 바라고, 꾀하는 온갖 일을 이루고자 한다. 말이 가진 힘을 잘 살리는 이들은 남보다 앞서게 되고, 그러지 못하는 이들은 남에게 뒤지게 된다. 사람들은 말이 가진 힘을 살려 쓰기 위해 저마다 나름으로 애를 쓰고, 그러한 노력이 모여서 겨레말을 더 낫고 더 좋게 만든다. 다만, 저마다 제가 하는 일만 생각하는 까닭에 이런 일이 어떻게 일어나는지 잘 알지 못할 뿐이다.

한국말의 차림새를 살펴보면 사람들이 한국말을 더 낫고 더 좋게 만들기 위해 얼마나 애썼는지 알 수 있다. 짧은 문장 하나를 차릴 때도 문장의 갈래를 최대한 촘촘하게 나누고 갈라서, 말하는 이의 뜻과 마음을 섬세하게 담아내고자 했다. 이를테면 "그는 밥을 먹었다"를 '그는/그가/그만/그도/그니까/그라서/그라면/그부터/그까지~'+'밥을/밥도/밥만/밥부터/밥까지/밥만은/밥만큼은/밥만이라도~'+'먹었다/먹었지/먹었어/먹었대/먹었다니까/잡수셨다/잡수셨어/잡수셨지~'와 같은 차림새에 담으면 수백 개의 문장이 쏟아져 나온다. 그리고 이러한 낱낱의 미묘한 차이를 알뜰하게 헤아려서 "그+니까 밥+만이라도 먹+었지", "그+도 밥+만은 먹+었다니까"와 같이 말한다. 그런데 중국말이나 영국말에서는 이와 같이 말하는 것을 찾아보기 어렵다.

─── 한국말을 담기에 완벽한 그릇, 한글

　한국말은 차림새가 매우 촘촘하고 섬세해서, 한국말로 펼치는 생각의 세계 또한 매우 촘촘하고 섬세하게 차려질 수 있다. 그러나 한국말을 있는 그대로 적을 수 있는 글자가 없었던 탓에, 중국의 한문을 빌려와서 글을 적었다. 이를테면 『삼국유사』에 나오는 '홍익인간(弘益人間)'은 '사람을 크게 돕는 일'을 한문으로 적은 것이고, 『삼국사기』에 나오는 '풍류(風流)'는 '바람의 흐름'을, 『수서(隋書)』와 『당서(唐書)』에 나오는 '화백(和白)'은 '함께 고루 말하기'를 한문으로 적은 것이다.

　한국말로 생각한 것을 있는 그대로 글로 옮기기 위해 향찰(鄕札), 구결(口訣), 이두(吏讀)와 같은 것을 만들어 쓰기도 했었다. 그러나 한국말과 중국말의 바탕이 크게 달라서 한자의 소리와 뜻을 빌려서 한국말을 적는 일은 어설픈 상태를 벗어나지 못했고, 그마저도 일단 한문을 잘 알아야 했다는 점에서 한계가 뚜렷했다.

　한국말로 생각한 것을 글로 적을 수 없으니 아무리 사무치고 애달프고 중요한 일이 있어도 글로 알리고, 전하고, 남길 수가 없어서 안타깝고 서러운 일이 많았다. 이런 가운데 1443년, 마침내 세종대왕이 한글을 만들었다. 세종대왕은 1446년에 한글을 반포하면서 내놓은 『훈민정음』 첫머리에 새로운 글자를 만든 까닭을 이렇게 밝혔다. "사람들이 말을 글에 담아서 뜻을 펴고 싶어도 그렇게 할 수 없는 이들이 매우 많다. 나는 이것을 가엾게 여겨서 새로 스물여덟 글자를 만들었으니, 사람마다 쉽게 배워서 나날이 편하게 쓸 수 있게 하고자 한다."

─── 한글은 위대하다! 그런데 한국말은?

세종대왕 덕분에 오늘날 거의 모든 한국사람이 한글을 읽고 쓴다. 한글을 배우는 것은 어렵지 않아서 초등학교만 다녀도 읽고 쓰는 일을 제대로 할 수 있다. 한글의 차림새를 깨치고 나면 '챯, 쓦, 츪, 뼝, 샿, 핡'과 같이 말소리로 쓰이지 않는 글자도 눈으로 보자마자 읽을 수 있다. 이런 까닭에 많은 한국사람이 전 세계에서 한글이 가장 뛰어나고 과학적인 글자라고 이야기할 만큼 한글에 큰 자부심을 갖고 있다.

이상한 것은 한글은 그렇게 자랑거리로 여기면서, 한국말은 그저 그런 말로 여긴다는 점이다. 한국말은 그냥 태어나서부터 자연스럽게 배우고 쓰는 말일 뿐이고, 서양말이나 중국말은 깊은 뜻이 담겨 있다고 여기는 이들이 많다. 이런 이들은 뭔가를 깊이 알려면 서양말이나 중국말을 배우고, 그러한 말에 바탕을 둔 인문학을 배워야 한다고 말한다.

심지어 사람들이 일궈온 문화와 문명을 전문으로 연구하는 인문학자들조차 한국말을 그냥 그렇게 배우면 되는 것으로 여긴다. 그래서 토박이말을 학술 용어로 쓰면 뜻이 흐릿해진다며 한자로 된 낱말을 고집한다. 논문이나 책을 쓸 때 좋음을 애호(愛好)로, 미움을 혐오(嫌惡)로, 가르침을 교육(教育)으로, 배움을 학습(學習)으로, 다스림을 통치(統治)로, 어울림을 조화(調和)로, 어우름을 병합(竝合)으로, 아우름을 융합(融合)으로, 태어남을 출생(出生)으로 쓴다. 그들은 좋음, 미움, 가르침, 배움, 다스림, 어울림, 어우름, 아우름, 태어남과 같은 말이 어떤 바탕을 갖고 있는지 잘 알지 못하기에, 그러한 말보다는 애호, 혐오, 교육, 학습, 통치, 조화, 병합, 융합, 출생과 같은 말의 뜻이 더욱 또렷하다고 여긴다.

한국 인문학자들은 한국말의 생김새, 짜임새, 차림새, 바탕치, 발자취 따위를 깊고 넓게 묻고 따지지 않았다. 이런 까닭에 그들의 한국말 지식은 고등학교 졸업자 수준에 머물러 있다. 그들은 한국말이 가진 힘을 살려서 사람들이 기운을 차리고, 정신을 차리고, 염치를 차리고, 체면을 차리고, 살림을 차리고, 회사를 차려서 살맛 나게 살아갈 수 있게 만드는 일에는 관심이 적다. 그 대신 주로 서양말이나 중국말로 된 개념, 이론, 사례 따위를 한국말로 풀어주는 것을 일삼는다. 그런데 한국말에 대해 잘 알지 못하다 보니 밖에서 가져온 것을 풀어주는 것조차 어설프다. 그리하여 한국의 인문학은 얼치기 인문학, 선무당 인문학을 벗어나지 못하고 있다.

─── 이 책을 쓰기까지

나는 1952년에 한국말을 배우고 쓰는 대한민국사람으로 태어나 살아오면서 전근대사회가 근대사회를 거쳐서 탈근대사회로 탈바꿈하는 과정에서 벌어지는 온갖 것을 겪어왔다. 학자의 길에 들어선 뒤로는 인문학에 필요한 문화적 바탕과 경험적 자산을 넉넉히 갖추었다고 생각하여 일찍부터 개념을 다듬어서 이론을 만드는 일에 힘을 쏟았다. 학자로서 나의 삶을 돌아보면, 학문의 화두로 삼았던 주제와 그것을 펼쳐낸 책에 따라 크게 세 시기로 나눌 수 있다.

첫 번째는 한국사람과 한국의 사회·문화·역사에 대한 공부를 바탕으로 사람이 문화와 문명의 임자로서 자리하게 된 바탕과 까닭을 묻고 따지는 일로 나아간 시기이다(1990~2000). 이때 펴낸 책이 『한국인의 사회적 성격(Ⅰ)-일반이론의 구성』과 『한국인의 사회적 성격(Ⅱ)-일반이론의 적용』(1994), 『조선시대 유교문화』와 『한국문화의 성격』(1997), 그리고 『주체와 욕망』(2000)이다.

두 번째는 한국말의 생김새, 짜임새, 차림새, 바탕치, 발자취 따위를 묻고 따지면서 한국말을 완전히 새로운 눈으로 보게 된 시기이다(2001~2013). 이때 펴낸 책이 '본보기'라는 낱말에서 볼 수 있는 '본(본질)'과 '보기(현상)'의 관계를 다룬 『본과 보기 문화이론』(2002), 높임말과 낮춤말에서 볼 수 있는 차별과 억압을 다룬 『한국사회의 차별과 억압: 존비어체계와 형식적 권위주의』(2005), '나/나이/나다/낳다/내다' 등에서 볼 수 있는 '나'의 맥락을 다룬 『한국인에게 나는 누구인가』(2012), 그리고 '아름다움, 성, 덕, 가르침, 다스림'의 맥락을 파고든 『말과 바탕공부』(2013)이다.

세 번째는 한국말의 생김새, 짜임새, 차림새, 바탕치, 발자취 따위를 하나로 어우르고 아울러서 한국말의 차림새를 완전히 새롭게 차려내는 일에 힘을 쏟은 시기이다(2014~2024). 나는 기존의 한국말 학교문법이 갖고 있는 문제를 넘어서고자, 열두 살짜리 한국사람의 머릿속에 있는 한국말의 차림새를 그대로 담아낼 수 있는 새로운 문법 체계를 만들기 시작했다. 서양말·일본말 문법에 기대지 않고 한국말이 가진 본모습을 또렷이 드러내기 위해 고치고 다듬기를 수없이 거듭한 끝에, 2023년에 『한국말 말차림법』을 내놓았다. 그리고 2024년에는 한국사람이 무엇을 보람으로 어떻게 살아가는지를 풀어낸 『한국사람에게 ○○은 무엇인가』를 펴냈다. 사람들이 살아가면서 기틀로 삼는 여섯 개의 낱말, 곧 '사람됨, 아름다움, 성, 덕, 가르침, 다스림'을 벼리로 삼아서, 사람이 사람답게 살아가는 일이 어떻게 차려지는지 살펴보았다.

──── 한국말 새롭게 보기, 한국말 뿌리 찾기로 나아가길

이번 책은 나에게 하나의 새로운 시도, 또는 도전이라 할 만하다. 한 가지 큰 주제를 파고든 지난 책들과 달리, 이 책은 지난 몇 년간 페이스북에 올린 글과, 방송대 주간지(KNOU 위클리)에 '우리말에서 읽는 한국인의 심층'이라는 제목으로 연재한 칼럼을 묶어서 펴낸 것이기 때문이다. 그동안 한국말의 이모저모를 살펴보며

썼던 많은 글 가운데, 사람들이 한국말을 묻고 따져서 풀어보는 데 도움이 될 만한 글을 추리고, 새롭게 다듬어서 이 책에 실었다.

걱정되는 점도 몇 가지 있다. 첫째는 누구나 가볍게 읽어볼 수 있도록 짧게 쓴 글의 특성상, 그 바탕에 깔려 있는 이론이나 체계가 또렷이 드러나지 않아서 읽는 이들이 어렵게 여길 수도 있다는 점이다. 둘째는 내가 이 책에서 묻고 따지는 160여 개의 낱말은 거의 모두가 새롭게 풀이되는 것이어서, 읽는 이들이 낯설게 느끼거나 거북하게 받아들일 수도 있다는 점이다.

물론 내가 그 낱말들 하나하나를 묻고 따지고 풀기 위해 쏟았던 정성과 노력은 오롯하다고 말할 수 있다. 그렇다고 해서 내가 묻고 따진 것이 모두 맞거나 모두 옳다고 할 수 없다. 보기에 따라서 이렇게 볼 수도, 저렇게 볼 수도 있는 것이 얼마든지 있을 수 있다. 다만 나는 이 책이 한국말을 새롭게 보는 일과 한국말의 뿌리를 찾는 일에 불씨가 되기를 바란다. 더 많은 이들이 우리가 나날이 보고, 듣고, 말하고, SNS로 수없이 주고받는 한국말의 바탕에 관심을 갖고, 저마다 나름의 '묻따풀 한국말'로 나아가는 데 디딤돌로 구실할 수 있다면 더없이 기쁠 것이다.

2025년 매화가 필 무렵,
최봉영

차례

머리말 저마다 '묻따풀 한국말'로 나아가는 디딤돌이 되기를   004

첫째 판   한국말로 한국사람 깊이 보기

01 나는 누구이고 사람은 무엇인가 - 나·사람   021
02 사람은 무엇으로 이루어지는가 - 몸·마음·머리   025
03 사람은 무엇을 바탕으로 느끼고, 알고, 바라고, 이루는가 - 것·일·함께함   030
04 사람은 무엇으로 사는가 - 감이 오다·감이 잡히다·감을 잡다   033
05 사람 노릇을 하려면 몸을 놀려야 하나니 - 노릇·놀다·놀이·노래·노름·노님 038
06 사람 구실을 하려면 고루·두루 함께해야 하나니 - 구실·고루·두루   041
07 목숨을 갖고 있는 한 가져야 할 몸가짐, 마음가짐 - 갖다·가지다   044
08 사람이 태어나서 죽을 때까지 해야 하는 일 - 묻다·따지다·풀다   051
09 깨치고 나아가 끝내 깨달으리라 - 깨닫다·깨치다   056
10 깨쳐서 나날이 익히니 즐겁지 아니한가 - 깨치다·익히다·배우다   060
11 따로 또 같이 함께하며 살아가네 - 나·남·저·우리·너·저들·저희   065
12 나와 임은 함께하며 서로를 이루어가네 - 임·이·이다·임금·왕(王)·주(主)   069

둘째 판 한국말로 사람살이 깊이 보기

01 사람은 삶의 살을 살려서 살아가네 - 사람·살다·살리다·살림·삶·살이·살기   077
02 밑이 아니라 위에 있으니 웃지요 - 웃다   083
03 내가 울면 같이 울 이가 우리 - 울다   087
04 어떤 일이 그렇게 된 까닭은 - 절로·탓으로·바람에   091
05 내가 살아가며 하는 모든 일의 의미는 - 까닭·위함·보람   094
06 꾸어야 하나, 깨어야 하나 - 꿈·꾸다   098
07 미쳐야 미친다 - 미치다   101
08 사랑, 그 무한대에 대하여 - 사랑·사랑하다   106
09 서로의 반쪽을 만나면 일어나는 일들 - 반갑다·반하다·반기다   112
10 서로 갈라지면 일어나는 일들 - 겨루다·다투다·싸우다   117
11 행복하세요, 고맙습니다, 덕분입니다 - 행(幸)·복(福)·은(恩)·덕(德)·약(藥)   122

셋째 판 한국말로 세상살이 깊이 보기

01 모든 것이 함께 어울려서 끊임없이 일어나는 때와 곳 - 뉘·누리·시간·공간	127
02 '하늘 천', '따 지'를 따지기 전에 - 하늘·바다·해·달·땅	129
03 물고 불고 돌아가는 세상 - 물·물다·무르다·불·불다·불리다	134
04 바람의 흐름을 읽으니 미르의 세상이 열리네 - 풍류·바람·미르	138
05 별을 헤고, 세상을 헤아리다 - 혀·헤다·헤아리다	143
06 그것이 알고 싶다 - 구멍·궁금하다	150
07 이보다 더 온전할 순 없다 - 만·많다	153
08 세상에 그냥 되는 일은 없더라 - 되다·달라지다·바뀌다	159
09 누리의 모든 것이 본질에 가까워질 때 - 아름·다움·답다·아름답다	167
10 우리는 모두 무엇이 되고 싶다 - 이름·일컬음	172
11 다 함께 그 이름을 불러주기 전에는 - 무엇·가르다·가리키다	176

넷째 판 한국말로 인문학 하기

01 '것'에 대하여 1 - 것·이것·저것·그것 　　　　　　　　　　　　　　　181

02 '것'에 대하여 2 - '것'과 한국사람의 존재론 　　　　　　　　　　184

03 어느 것이냐 아무것이냐 그것이 문제로다 - 어느 것·아무것 　　190

04 한국의 양자역학 - 있다·있지 아니하다·없다 　　　　　　　　　　194

05 말이라고 다 말인가, 말 같아야 말이지 - 말·말씀 　　　　　　　199

06 한국말의 특징: 이름말과 풀이말 1 　　　　　　　　　　　　　　205

　　- 쓸개·쓰다·벌·벌다·나비·납작하다·파리·팔팔하다·잠자리·잠잠하다

07 한국말의 특징: 이름말과 풀이말 2 - 활·활짝·살·살짝 　　　　210

08 한국말의 논리 - 밖·안·겉·속·참말·거짓말 　　　　　　　　　　213

09 깨달음으로 이끄는 단 하나의 물음 - 이·뭣·고 　　　　　　　　217

10 조상의 빛난 얼을 오늘에 되살려 - 얼·얼치기·얼다 　　　　　　221

다섯째 판 서르 ᄉᆞᄆᆞᆺ디 아니홀씨

01 나라와 國家는 어떻게 같고 다를까   229

02 있고 없음과 有無는 어떻게 같고 다를까   237

03 존재와 存在와 be는 어떻게 같고 다를까   243

04 가운데와 中과 center는 어떻게 같고 다를까   247

05 모·금·겉과 點·線·面과 point·line·face는 어떻게 같고 다를까   250

06 뫼와 山과 mountain은 어떻게 같고 다를까   261

07 물과 水와 water는 어떻게 같고 다를까   265

08 개와 犬과 dog는 어떻게 같고 다를까   270

09 돈과 錢과 money는 어떻게 같고 다를까   275

10 사무침과 疏通과 communication은 어떻게 같고 다를까   279

나 사람 몸 마음 머리 것 일 함께함

노릇 놀다 놀이 노래 노름 노님 구실 고루 두루

갖다 가지다 되다 달라지다

남 저 우리 너 저들 저희 임 임금 왕

살다 살리다 살림 삶 살이 살기

웃다 울다 절로 탓으로 바람에 까닭 위함 보람

꿈 꾸다 미치다 사랑 사랑하다

반갑다 빈하디 반기다 겨루다 다투다 싸우다

뉘 누리 시간 공간 하늘 바다 해 달 땅

둘 물다 무르다 불 불다 불리다 풍류 바람 미르

허 헤다 헤아리다 구멍 궁금하다 만 많다

되다 달라지다 바뀌다 아름 다움 답다 아름답다

이름 일컬음 무엇 가르다 가리키다

이것 저것 그것 어느 것 아무것

있다 있지 아니하다 없다 말 말씀

묻다 따지다
풀다 깨치다
익히다 배우다

**한국말에 깃든
한국인의 삶과 철학**

...다 나쁘... ...리 팔팔하다 잠자리 잠장하다

짝 밖 안 겉 속 참말 거짓말

이 럿 고 얼 얼치기 얼다

나라 국가 있음 없음 유무 존재 가운데 모 금 겉 점 선 면

뫼 山 물 水 개 돈 화폐 사무침 소통

첫째 판

한국말로 한국사람 깊이 보기

01 나는 누구이고 사람은 무엇인가 - 나·사람

02 사람은 무엇으로 이루어지는가 - 몸·마음·머리

03 사람은 무엇을 바탕으로 느끼고, 알고, 바라고, 이루는가 - 것·일·함께함

04 사람은 무엇으로 사는가 - 감이 오다·감이 잡히다·감을 잡다

05 사람 노릇을 하려면 몸을 놀려야 하나니 - 노릇·놀다·놀이·노래·노름·노님

06 사람 구실을 하려면 고루·두루 함께해야 하나니 - 구실·고루·두루

07 목숨을 갖고 있는 한 가져야 할 몸가짐, 마음가짐 - 갖다·가지다

08 사람이 태어나서 죽을 때까지 해야 하는 일 - 묻다·따지다·풀다

09 깨치고 나아가 끝내 깨달으리라 - 깨닫다·깨치다

10 깨쳐서 나날이 익히니 즐겁지 아니한가 - 깨치다·익히다·배우다

11 따로 또 같이 함께하며 살아가네 - 나·남·저·우리·너·저들·저희

12 나와 임은 함께하며 서로를 이루어가네 - 임·이·이다·임금·왕(王)·주(主)

01
나는 누구이고 사람은 무엇인가
— 나·사람

───── 나고, 낳고, 낸 것이 곧 '나'

'나'는 '나다', '낳다', '내다'에 바탕을 둔 말이다. '나다'는 어떤 것이 나는 것을 말하고, '낳다'(나+히+다)는 어떤 것이 나게 되는 것을 말하고, '내다'(나+이+다)는 어떤 것이 나게 하는 것을 말한다. 곧 '나'는 절로 '난 것'이면서, 어버이가 '낳은 것'이면서, 해, 달, 물, 불, 흙과 같은 것이 '낸 것'이다.

'내'가 '나'를 절로 난 것으로서 보게 되면, '나'는 낱낱이 저마다 따로 하는 존재이다. 저마다 따로 하는 낱낱의 '나'를 바탕으로 삼아서 '나'는 숨을 쉬고, 손발을 놀리고, 생각을 하고, 밥을 먹고, 잠을 자는 것과 같은 일을 하면서 살아간다. 사람들은 이러한 낱낱의 '나'를 잣대로 삼아서 '살아 있는 것'과 '죽어 있는 것'을 나눈다.

그런데 '내'가 '나'를 어버이가 낳은 것으로서 보게 되면, '나'는 언제나 다른 사람과 함께하는 존재이다. '나'는 '나'를 낳은 어버이와 함께하고, 어버이가 낳은 형제와 함께하고, '내'가 어버이로서 낳은 자녀와 함께하고, 어버이와 어버이를 통해서 누리에 이미 있었거나, 지금 있거나, 앞으로 있을 모든 사람과 함께하는 존재이다.

또한 '내'가 '나'를 해, 달, 물, 불, 흙과 같은 것이 '낸 것'으로서 보게 되면, '나'는 다른 모든 것들과 언제나 함께하는 존재이다. '나'는 '나'를 낸 해, 달, 물, 불, 흙 등과 언제나 함께하는 존재이고, 이들에서 비롯한 풀과 나무, 벌과 나비, 개와 염소 등과 언제나 함께하는 존재이다.

결국 '나'는 따로 하는 존재이자 함께하는 존재이다. 한국사람은 낱낱으로서 따로 하는 '나'를 '저'라고 부르고, 다른 것과 함께하는 '나'를 '우리'라고 부른다. 이때 '저'는 저마다 따로 하는 닫혀 있는 '작은 나'를 말하고, '우리'는 다른 것과 더불어서 함께하는 열려 있는 '큰 나'를 말한다.

─── 살리며 살아가는 것이 곧 '사람'

'나'라는 말은 저마다 따로 하는 '나'를 일컫는다. '제'가 '저'를 일컬을 때만 '나'라고 말한다. 이런 까닭에 수없이 많은 말 중에서 '나'라는 말은 오로지 '내'가 '나'에게만 쓸 수 있다. '나'를 일컫는 나의 이름은 '나'도 쓸 수 있고, '너'도 쓸 수 있고, '남'도 쓸 수 있지만, '나'는 오로지 나만이 쓸 수 있다.

누군가 '나'라고 말할 때, '나'는 사람인 '나'를 가리킨다. 사람만이 '나'를 '나'라고 말할 수 있기 때문이다. 이런 까닭에 '내'가 '나'를 알아가는 것은 사람인 '나'를 알아가는 일로써 이루어진다. '내'가 '나'를 알기 위해서는 나의 바탕인 '사람'이 무엇인지 알아야 한다.

'사람'은 '살다', '살리다'에 바탕을 둔 말이다. '살다'는 사는 일을 말하고, '살리다(살+리+다)'는 살도록 하는 일을 말한다. 옛말에서는 '사람'을 '사룸'으로 말하고, '살리다'를 '사루다'로 말했다. '사룸'과 '사루다'를 살펴보면 '사람'은 '살리는 일'에 바탕을 둔 말임을 알 수 있다. '사람'은 살리는 일을 바탕으로, 살아가는 일을 하는 존재를 일컫는다.

풀과 나무, 벌과 나비, 개와 염소도 사람처럼 살아가는 일을 한다. 그런데 한국사람은 사람만 '사람'이라고 일컫는다. 사람만이 온갖 것을 살려서 살아가는 일을 한다고 보기 때문이다. 사람들은 물, 불, 흙, 채소, 곡식, 광물, 소리, 말과 같은 온갖 것을 살려서 살아가는 일을 한다.

한국사람은 온갖 것을 살려서 살아가는 '살림살이'의 임자를 '나'라고 말한다. 따라서 '내'가 '나'라는 사람이 되는 일은 '내'가 살림살이의 임자로서 나름의 줏대를 갖추어가는 일을 말한다. '내'가 살림살이의 임자로서 나름의 줏대를 갖추어가기 위해서는, 먼저 사람의 잣대가 무엇인지 또렷이 알아야 한다.

한국사람은 '사람'의 잣대를 '사람다움'에 두었다. 이러니 걸핏

하면 "사람이면 다 사람이냐, 사람이 사람다워야 사람이지"라고 말한다. 그들은 사람다움을 잣대로, 사람답게 사는 사람과 그렇지 못한 사람을 나누어서 좋음과 싫음, 옳음과 그름, 맞음과 틀림 등으로 가른다.

'사람다움'은 '사람'과 '다움'으로 이루어진 말로, '다움'은 '다하다', '다 되다'를 뜻하는 말이다. '사람다움'은 사람이 사람으로서 가진 본디의 가능성을 '다 이룩함으로써', '다 된 사람'으로 드러나는 것을 말한다.

02

사람은 무엇으로 이루어지는가
— 몸·마음·머리

──── 낱낱이 하나로 모인 것이 곧 '몸'

'몸'은 '모', '모두', '모이다', '모으다'에 바탕을 둔 말이다. '몸'은 낱낱의 '모'이면서, 하나인 '모두인 것'이고, 하나로 '모인 것', 하나로 '모으는 것'이라고 말할 수 있다.

'모'는 낱낱인 하나하나의 것을, '모두'는 여럿이 모여서 하나의 '모'가 된 것을, '모이다'는 갖가지 것들이 모여서 하나의 '모'를 이루는 것을, '모으다'는 임자가 갖가지 것들을 모아서 하나의 '모'가 되도록 하는 것을 가리킨다.

사람들은 '나'를 '이 몸'으로 일컬어왔다. "이 몸이 죽고 죽어, 일백 번 고쳐 죽어"라고 말할 때, '이 몸'은 '나'를 일컫는다. 이두(吏讀)에서는 '이 몸'을 '의신(矣身)'이라 쓰고 '이 몸'으로 읽었다. '이 몸'은 '나의 몸'으로, 내가 '나'를 일컬을 때 쓰는 말이다.

'이 몸'은 아버지 쪽의 '몸'과 어머니 쪽의 '몸'이 하나로 모여서 생겨난 것이다. 그리고 아버지와 어머니의 '몸'은 다시 각각의 할 아버지 쪽의 '몸'과 할머니 쪽의 '몸'이 하나로 모여서 생겨난 것이다. 따라서 나의 '몸'은 모든 할아버지 쪽과 모든 할머니 쪽의 '몸'이 하나로 모여서 생겨난 것이라고 할 수 있다.

'이 몸'에는 팔, 다리, 배, 가슴, 목, 머리, 마음과 같은 것들이 모여 있다. 더 자세히 나누어보면 손, 발, 창자, 밥통, 허파, 눈, 코, 귀, 입, 혀, 이, 느낌, 지식, 기억과 같은 것들이 모여 있다. '나'는 이러한 '몸'으로써 느끼고, 알고, 바라고, 이루는 일을 하면서 살아간다.

내가 나고 살고 죽는 일은 나의 '몸'에 달려 있다. 나는 '몸'으로 숨을 쉼으로써 살아갈 수 있고, 그러지 못하면 죽는다. 나는 살아가기 위해서 끊임없이 '몸'으로 일하고, 쉬고, 먹고, 놀고, 자는 일을 해야 한다.

───── **느끼고 안 것을 낱낱의 알갱이로 만든 것이 곧 '마음'**

마음의 옛말은 'ᄆᆞᅀᆞᆷ'이다. 'ᄆᆞᅀᆞᆷ'이 'ᄆᆞᅀᆞᆷ'으로 바뀌고, 'ᄆᆞᅀᆞᆷ'이 다시 '마음'으로 바뀌었다. 사람들은 그 과정을 잘 알지 못하기 때문에 '마음'이 어떠한 바탕을 갖고 있는 말인지 짐작조차 하기 어렵다.

'ᄆᆞᅀᆞᆷ'은 'ᄆᆞᅀᆞ다'와 뿌리를 같이하는 말이다. 'ᄆᆞᅀᆞ다'는 어떤 것을 잘게 부수어서 낱낱의 알갱이로 만드는 것을 말한다. 'ᄆᆞᅀᆞ

다'는 '브ᄉ다'와 같은 뜻으로 쓰였는데, 시간이 흐르면서 '므ᄉ다'는 쓰이지 않게 되었고, '브ᄉ다'는 '부수다'로 바뀌어서 오늘날에도 쓰이고 있다.

한국사람이 '마음'을 '잘게 부수어서 낱낱의 알갱이로 만드는 것'으로 여기게 된 까닭은 눈, 코, 귀, 혀, 살과 같은 것을 가진 임자가 느끼고, 알고, 바라고, 이루는 일에서 찾아볼 수 있다.

누리의 모든 것은 함께 어울려서, 온통 하나를 이루고 있다. 작은 것은 작은 것대로, 큰 것은 큰 것대로 모두가 함께 어울려 있다. 그런데 눈, 코, 귀, 혀, 살과 같은 것을 가진 임자는 온통 하나를 이루고 있는 것을 낱낱으로 잘게 부수어서 느끼고, 아는 일을 한다. 한국사람은 이러한 임자가 느껴서 알게 된 온갖 것을 낱낱의 기억으로 간직하고 있는 곳을 '마음'이라고 불러왔다.

임자가 느껴서 알게 된 온갖 것을 기억으로 간직하고 있는 마음은 하나의 세계를 이루고 있다. 마음은 임자가 저마다 나름으로 만들어가는 알음알이의 세계라고 할 수 있다. 이러한 마음을 바탕으로 좋아하는 것과 싫어하는 것이 생겨나게 되고, 이를 바탕으로 어떤 것을 느끼고, 알고, 바라고, 이루고자 하는 마음이 일어나게 된다.

한국사람은 '마음을 쓴다', '마음을 준다', '마음이 움직인다', '마음이 넓다', '마음이 따뜻하다', '마음이 좋다', '마음에 든다'라고 말한다. 그리고 마음이 끌리는 대로 하는 것을 '마음대로'라고 말한다. 사람들은 '마음대로' 할 수 있는 상태에서 마음을 잘 쓰고, 마음을 잘 주고, 마음을 잘 움직이고, 마음이 넓고, 마음이 따뜻하고, 마음이 좋고, 마음에 드는 사람이 되고 싶어'한다.

───── **멀리 있는 것을 느껴서 알아보는 것이 곧 '머리'**

머리의 옛말은 '마리'와 '머리'이다. '마리'와 '머리'가 함께 쓰이다가 나중에는 '머리'만 쓰게 되었다.

'마리'는 오늘날 '한 마리', '두 마리', '실마리'라고 할 때의 '마리'이다. 옛사람들은 '마리'를 '마리 두(頭)', '마리 수(首)'로 새겼다. 이때의 '마리'는 '말다'와 뿌리를 같이한다. '말다'는 내가 마주하고 있는 무엇이 하나의 어떠한 것으로서 자리하는 것을 말한다. 이를테면 "너는 밥을 먹지 말아라", "너는 밥을 먹고 말았다"에서 '말다'는 내가 마주하고 있는 네가 '밥을 먹지 않은 것'이나 '밥을 먹은 것'으로서 자리하는 것을 말한다. 이를 바탕으로 삼아서 나는 "너는 밥을 먹지 말아라", "너는 밥을 먹고 말았다"와 같은 말을 할 수 있게 된다.

'머리'는 '멀다'와 뿌리를 같이한다. '멀다'는 어떤 것이 멀리 떨어져 있는 것을 일컫는 말이다. 임자는 '머리'에 있는 눈, 귀, 코, 입과 같은 것을 가지고, 몸에서 멀리 떨어져 있는 무엇을 하나의 어떠한 것으로서 느끼고 아는 일을 한다. 임자는 이렇게 함으로써 몸에서 멀리 떨어져 있는 갖가지 것을 느끼고, 알고, 바라고,

이루는 대상으로 삼을 수 있게 된다.

'머리'는 멀리 있는 것을 어떠한 것으로서 느껴서 알아보도록 한다. '머리'에 있는 눈은 빛을 안으로 들여서 멀리 있는 것을 알아보도록 하고, 귀는 소리를 안으로 들여서 멀리 있는 것을 알아보도록 하며, 코는 냄새를 안으로 들여서 멀리 있는 것을 알아보도록 하고, 입은 소리를 밖으로 내어서 멀리 있는 것이 알아보도록 한다.

한국사람은 '머리가 돌아간다', '머리를 굴린다', '머리를 쓴다'라고 말한다. 머리가 잘 돌아가고, 머리를 잘 굴리고, 머리를 잘 쓰는 사람을 '머리가 좋은 사람'이라고 한다. 사람들은 누구나 '머리가 좋은 사람'이 되어서, 살아가는 일에 필요한 온갖 것을 잘 느끼고, 잘 알고, 잘 바라고, 잘 이룰 수 있는 사람이 되고자 한다.

03

사람은 무엇을 바탕으로 느끼고, 알고, 바라고, 이루는가
― 것·일·함께함

누리의 모든 것은 사람들에게 저마다 따로 하는 '것'으로서 다가온다. 사람들은 이와 같이 따로 하는 '것'을 바탕으로 삼아서, '이것'이나 '저것'과 같은 낱낱의 것을 마주하게 된다. 그리고 낱낱의 것으로 마주하는 '이것'이나 '저것' 가운데 '어떤 것'을 대상으로 삼아서 느끼고, 알고, 바라고, 이루어간다.

사람들이 '어떤 것'을 대상으로 삼는 것은 느끼고, 알고, 바라고, 이루는 것과 같은 '일'로서 이루어진다. 이를테면 물을 대상으로 삼는 것은 물을 마시는 것과 같은 '일'을 바탕으로, 물에 대해 어떠어떠하게 느끼고, 알고, 바라고, 이루는 일로 이루어진다. 이런 까닭에 '어떤 것'을 대상으로 삼으려면 반드시 '어떤 일'로 드러나야 한다.

'어떤 것'이 '어떤 일'로 드러나는 것은 그 둘이 함께하는 것으로 이루어진다. 이를테면 물이 어떤 일로 드러나는 것은 물과 사람과 컵이 함께하는 것을 바탕으로, 사람이 컵으로 물을 마시는 일로 이루어진다. 물 혼자서는 어떤 일도 일어나지 않으며, 따라서 이때는 사람들에게 어떤 대상도 되지 못한다.

한국말 '것'은 낱낱으로 따로 하는 '어떤 것'을 가리키는 말이다. '것'을 가지고 온갖 것을 낱낱의 '어떤 것'으로 일컬을 수 있다. 그런데 '어떤 것'이 '어떤 것'으로서 드러나는 일은 언제나 '어떤 것'이 '다른 것'과 함께하는 '어떤 일'로 이루어진다. 사람들은 이를 바탕으로 삼아서 '어떤 것'을 '어떤 것'으로 느끼고, 알고, 바라고, 이루는 일을 하게 된다. 이런 까닭에 사람들이 느끼고, 알고, 바라고, 이루는 일의 대상으로 삼는 모든 것은 따로 하는 '어떤 것'이면서, 함께하는 '어떠한 일'이다.

따로 하는 '어떤 것'이 함께하는 '어떠한 일'임을 잘 보여주는 말이 '함께함'이다. '함께함'은 '함께+함'이고, '함께'는 '~하는 것'을 뜻하는 '~함'과 '~때'를 뜻하는 '~께'로 이루어져 있다. '~께'는 어저께, 그저께 할 때의 '~께'이다. '함께'는 '~하는 일이 일어나는 때'로, 어떤 것이 다른 것을 만나서 어떤 일이 일어나는 때를 가리킨다. 그리고 '함께함'에서 두 번째 '함'은 '~하는 것'으로, '어떤 것'이 '어떤 일'로 모습이 드러나는 것을 가리킨다. 이렇게 볼 때, '함께함'은 '어떤 것'이 '다른 것'과 함께하는 '어떤 일'을 바탕으로 삼아서, '어떤 것'이 '어떤 것'으로서 모습을 드러내는 일이라고 할 수 있다.

한국사람은 '것'과 '일'과 '함께함'을 바탕으로 삼아서, 누리의 모든 것이 언제나 늘 함께 어울려서 끊임없이 일어나고 있다고 여긴다. 그리고 '어떤 것'이 '어떤 것'으로서 드러나는 것이, '어떤 것'과 '다른 것'이 함께하는 '어떤 일'에 바탕을 두고 있다고 여김으로써, 낱낱의 것을 넘어 '함께함'의 바탕으로 나아가게 되었다. 한국사람에게서 볼 수 있는 뚜렷한 나름성이다.

04

사람은 무엇으로 사는가
— 감이 오다·감이 잡히다·감을 잡다

누리의 온갖 것은 언제나 늘 함께하고 있다. 모든 것은 이쪽 또는 저쪽으로서 갖가지로 힘을 미치면서, 끊임없이 더불어 함께 흘러간다. 저만 홀로, 따로 하는 것은 어디에도 없다.

사람들은 누리의 온갖 것 가운데 '어떤 감을 잡을 수 있는 것'만 어떠한 것으로서 알아볼 수 있다. 이를테면 무엇을 어떠한 것으로 알아보려면 먼저 무엇에 어떤 감이 있어야 하고, 그러한 감이 나에게 와야 하고, 그러한 감이 나에게 잡혀야 하고, 그러한 감을 내가 잡을 수 있어야 한다. 이러니 내 손 안에 무엇이 놓여 있다 해도, 내가 어떤 감도 잡을 수 없다면, 무엇은 나에게 알 수 없는 그 무엇으로 남아 있게 된다.

무엇에 대해 감을 잡는 것은 크게 두 가지가 있다.

첫째, 사물에서 비롯하는 '늧(stimulus)'을 가지고, 무엇을 어떠한 것으로 느껴서, 무엇에 대해 감을 잡는 것이다. 이를테면 '쏠개'

라는 사물에서 비롯하는 어떤 맛을 가지고, '쓸개'를 쓴 것으로 느낌으로써, '쓸개'를 쓴 것으로 감을 잡아서, 그렇게 알아보는 것이다. 이처럼 사물에서 비롯하는 늦을 가지고 감을 잡는 일은 사람뿐만 아니라 벌, 나비, 개, 사슴, 멸치, 문어 등이 두루 할 수 있다.

'늦'은 어떤 느낌이 일어나게 하는 빛, 소리, 냄새, 맛, 닿음과 같은 것을 말한다. 『표준국어대사전』에서는 '늦'을 "앞으로 어떻게 될 것 같은 일의 근원. 또는 먼저 보이는 빌미"라고 풀이해놓았다. 동물들이 어떤 것을 느껴서 아는 일은 무엇에서 비롯하는 늦이 늦으로 드러나서 늦이 되게끔 하는 일을 말한다.

'느끼다=늦+히+다'로, '늦이 늦으로 드러나서 늦이 되게끔 하는 것'을 뜻한다. 이를 또렷하게 보여주는 것이 '느닷없이'라는 말이다. '느닷없이=(늘+앗)+(없+이)'로, 느낌이 일어나게 만드는 '늘(늦)'의 '씨앗(씨+앛)'이 없는 상태에서 어떤 일이 갑자기 일어나서, 미리 대비할 수 없게 된 것을 뜻한다.

둘째, 사람들이 배우고 쓰는 말에서 비롯하는 '뜻(meaning)'을 가지고, 무엇을 어떠한 것으로 여겨서, 무엇에 대해 감을 잡는 것이다. 이를테면 '극락'이라는 말에서 비롯하는 어떤 뜻을 가지고, '극락'을 좋은 일이 일어나는 곳으로 여겨서, '극락'을 좋은 곳으로 감을 잡아서, 그렇게 알아보는 것이다. 이처럼 말에서 비롯하는 뜻을 가지고 무엇에 대해 감을 잡는 일은 말을 배우고 쓰는 사람만이 할 수 있다.

지각하는 힘과 생각하는 힘의 바탕, 감잡이(sensor)

 사람들이 무엇에서 비롯하는 어떤 것으로써, 무엇에 대해 감을 잡아서, 무엇을 어떠한 것으로 알아볼 수 있게 만드는 몸통을 '감잡이'라고 부를 수 있다. '감잡이'를 한자 낱말로는 '감지기(感知器)', 영국말로는 '센서(sensor)'라고 부른다. 그런데 한국사람에게는 '감지기'나 '센서'보다 '감잡이'라고 부를 때 뜻이 한층 또렷해진다. 흔히 말하는 '감', '감이 있다', '감이 좋다', '감이 오다', '감이 잡히다', '감을 잡다'와 같은 말을 살펴보면 그 까닭을 잘 알 수 있다.

 '감'은 먹잇감, 옷감, 땔감, 물감, 일감, 신랑감, 장군감 등에서 말하는 '감'으로, 어떤 것에서 어떠한 일이 벌어지는 바탕을 뜻한다. 이를테면 먹잇감에서 먹는 일이 벌어지고, 옷감에서 옷을 짓는 일이 벌어지고, 땔감에서 불을 때는 일이 벌어지고, 일감에서 일을 하는 일이 벌어지고, 신랑감에서 장가가는 일이 벌어지고, 장군감에서 장군으로 노릇하는 일이 벌어진다. 어떤 일이든 그것의 바탕이 되는 어떤 '감'이 있어야 그런 일이 벌어질 수 있다.

 '감이 있다'는 무엇에서 어떤 일이 벌어질 수 있다고 여기는 것을 말한다. '감이 좋다/좋지 않다'는 무엇에서 어떤 일이 잘되는/잘되지 않는 쪽으로 벌어질 수 있다고 여기는 것을 말한다. 그런데 이때의 '감'은 한자 낱말인 '감(感)'의 뜻까지 아우르고 있다. 이러한 '감'은 본래 '가암'이라고 말하던 것으로, '가암'이 '감'으로 소리가 바뀌면서 바탕을 가리키는 '가암'과 느낌을 가리키는 '감(感)'

이 서로 가까워지게 되었다.

'감', '감이 있다', '감이 좋다', '감이 좋지 않다' 등을 바탕으로 무엇에서 어떤 일이 벌어지는지 보이기 시작하면 '감이 온다'라고 말하고, 무엇에서 어떤 일이 벌어지는지 알아가게 되면 '감이 잡힌다'라고 말하고, 무엇에서 어떤 일이 벌어지는지 알아보게 되면 '감을 잡았다'라고 말한다. 사람들은 감이 보이고, 감이 잡히고, 감을 잡는 과정을 거치면서 무엇을 어떠한 것으로 또렷이 알아보고, 알아듣고, 알아차리는 일을 하게 된다.

무엇에 대해 감을 잡는 것은 두 개의 감잡이(sensor)로써 이루어진다.

첫째는 눈, 귀, 코, 혀, 살과 같은 것으로 사물에서 비롯하는 빛깔, 소리, 냄새, 맛, 닿음과 같은 늦을 느낌으로 느껴서 사물에 대해 감을 잡는 '늦이것 감잡이(stimulus sensor)'이다. 사람들은 '늦이것 감잡이'를 통해 사물을 느낌으로 느껴서 감을 잡는데, 이를 '지각(perception)'이라고 한다. 사람들은 '지각하는 힘(perceptual ability)'을 빌려서 온갖 사물에 대해 느끼고, 알고, 바라고, 이루는 일을 할 수 있다. '늦이것 감잡이'를 흔히 '감각기관(sensory organ)'이라고 부른다.

둘째는 말에서 비롯하는 갖가지 뜻을 넋으로 녀겨서(여겨서) 말뜻에 대해 감을 잡는 '녀김것 감잡이(design sensor)'이다. 사람들은 말을 넋으로 녀겨서 감을 잡는 것을 생각(thinking)이라고 한다. 사람들은 '생각하는 힘(thinking ability)'을 빌려서 온갖 말에 대해 느끼고, 알고, 바라고, 이루는 일을 할 수 있다.

사람들이 세상에 태어날 때는 '늦이것 감잡이'만 갖고 있다. 아기들은 태어나자마자 눈, 귀, 코, 혀, 살과 같은 것으로써 사물에서 비롯하는 늦을 느껴서 감을 잡는 일을 시작한다. 아기들은 늦이것 감잡이로써 갖게 된 여러 가지 알음알이를 바탕으로 먹고, 울고, 놀고, 잔다. 그리고 자라면서 갖가지 사물을 겪어보는 과정을 거치며 늦이것 감잡이를 촘촘하게 차려서 빛깔, 모양, 소리, 냄새, 맛, 온도 등을 더욱 정교하게 알아보게 된다.

아기들은 말을 배우면서 머리에 '녀김것 감잡이'를 새롭게 차려간다. 처음에는 옹알이를 통해 목청을 떨고 입술을 여닫는 법을 알아서, 말소리와 비슷한 소리를 낸다. 하나의 낱말을 말하는 것을 시작으로 말할 수 있는 낱말의 수를 늘려가다가, 나중에는 두어 낱말로 이루어진 짧은 문장을 말할 수 있는 단계로 나아간다. 그러다 일곱 살이 되면 머리에 녀김것 감잡이를 얼추 차릴 수 있게 된다. 이 무렵에는 나름으로 말의 줏대를 세워보려고 애를 쓴다. 사람들은 이런 아이들을 두고 '미운 일곱 살'이라고 한다.

05

사람 노릇을 하려면
몸을 놀려야 하나니
— 노릇·놀다·놀이·노래·노름·노님

　사람들은 온갖 것이 가진 살리는 힘을 살려서 살아가는 살림살이의 임자로서, 사람답게 살아가고자 한다. 사람이 사람으로서 사람답게 살아가는 일을 잘하려면 '사람이 사람 노릇하는 일'이 무엇인지 잘 알아야 한다.
　'노릇'은 '놀다', '놀이', '노래', '노름', '노님'과 뿌리를 같이하는 말이다. 사람들은 '놀다'를 바탕으로 삼아서 '놀리다', '놀이', '노래', '노름', '노릇', '노님'과 같은 말을 만들어 써왔다.
　'놀다'는 어떤 것이 이쪽저쪽으로 왔다 갔다 하는 상태를 말한다. 이를테면 "방문에 손잡이가 논다"라고 할 때, 손잡이가 노는 것은 손잡이가 방문에 느슨하게 달려 있는 상태에서 이쪽저쪽으로 왔다 갔다 하는 상태를 말한다.
　이와 같이 어떤 것이 노는 것은 사람이 줄을 흔들었을 때 줄이 위아래로 왔다 갔다 하면서 노는 것, 사람이 물에 돌을 던졌을 때

물이 위아래로 왔다 갔다 하면서 노는 것, 사람이 손, 팔, 발, 다리, 입을 놀렸을 때 손, 팔, 발, 다리, 입이 이리저리 왔다 갔다 하면서 노는 것 등으로 뻗어나가게 된다.

사람들은 어떤 것이 노는 상태가 되게 만드는 것을 '놀리다'라고 말한다. 사람들은 손, 팔, 발, 다리, 입과 같은 것을 놀려서 그것들이 놀게 만들고, 손, 팔, 발, 다리, 입과 같은 것을 놀게 해서 온갖 일을 함으로써 살아간다.

이러니 사람들은 살아가는 일을 '노는 일'이라고 말한다. "놀고 있네", "어디서 노는 놈이냐", "어디서 놀다 온 놈이냐"라고 말할 때, 노는 일은 사는 일과 같다. 사람들은 사는 일을 노는 일과 같다고 보는 까닭에, 살아가는 임자를 '놈'이라고 부른다. '이놈/저놈'에서 '놈'은 노는 일을 바탕으로 살아가는 임자를 말한다.

한국사람은 몸에 있는 손, 팔, 발, 다리, 입과 같은 것을 놀려서 어떤 짓을 하게 될 때, 그것을 '노릇하다'라고 말한다. 사람들은 갖가지로 노릇하는 일을 바탕 삼아 살아간다. 이런 까닭에 사람이 사람으로 살아가려면 손, 팔, 발, 다리, 입과 같은 것을 놀려서 사람 노릇을 할 수 있어야 한다. 그래야 사람으로 살아가는 데 필요한 갖가지 일을 해낼 수 있다.

한국사람은 손, 팔, 발, 다리, 입과 같은 것을 놀려서 그냥 어떤 것을 놀리는 짓을 하게 될 때, 그것을 '놀이'라고 말한다. 이러한 놀이에는 노래, 노름, 노님 등이 있다. 노래는 놀이 가운데 사람이 목소리를 가지고 노는 일을 일컫고, 노름은 놀이 가운데 내기로써 노는 일을 일컫고, 노님은 놀이 가운데 한가로이 노는 일을 일컫는다.

06
사람 구실을 하려면 고루-두루 함께해야 하나니
— 구실·고루·두루

　사람들은 온갖 것이 가진 살리는 힘을 살려서 살아가는 살림살이의 임자로서, 사람답게 살아가고자 한다. 사람이 사람으로서 사람답게 살아가는 일을 잘하려면 '사람이 사람 구실하는 일'이 무엇인지 잘 알아야 한다.
　'구실'은 '그윗일'이 줄어서 된 말이다. '그윗일'은 '그위+ㅅ+일'로, '그위'에서 비롯하는 '일'을 말한다. 이때 '그위'는 '공(公)'을 '그위 공'이라고 새길 때의 '그위'이다. '그위'는 '그+우+이'로, '그러한 것이 위에 자리하고 있는 것'을 가리킨다. '그러한 것'이 누구나 함께할 수 있는 '위에 자리하고 있어서', 모두가 함께하는 것이 될 수 있다.
　'공(公)'을 뜻하는 '그위'는 '사(私)'를 뜻하는 '아름'과 짝을 이룬다. 위에 자리한 '그위'가 있어야 아래에 자리한 '아름'이 있을 수 있고, 아래에 자리한 '아름'이 있어야 위에 자리한 '그위'가 있을 수 있기 때문이다. 그런데 오늘날 사람들은 '공(公)'을 뜻하는 말이 '그위'이고, '사(私)'를 뜻하는 말이 '아름'이었음을 알지 못한다. 이런 까닭에 끊임없이 '공(公)'과 '사(私)'에 대해 말하지만 뜻이 겉돌고 만다.

조선시대의 한자 교과서 『훈몽자회(訓蒙字會)』, 『광주천자문(光州千字文)』, 『석봉천자문(石峯千字文)』, 『신증유합(新增類合)』에는 '공(公)'이 '그위/구위 공'으로 되어 있다. '사(私)'는 『훈몽자회』나 『천자문』에는 나오지 않지만, 『신증유합』에는 '아름 사'로 되어 있다. 이러한 '그위'와 '아름'을 가지고, 모두가 함께해야 하는 것을 '그위', '구위', '구의'로, 저마다 따로 할 수 있는 것을 '아름'으로 불렀다. 그리고 모두가 함께해야 하는 일을 '그위실', '그우실', '구의실', '구실'로, 저마다 따로 할 수 있는 일을 '아름일'로 불렀다.

그런데 조선 후기로 가면서 '공(公)'을 '공반(公反)/공변 공'으로 새기고, '사(私)'를 '사사(私事) 사'로 새기게 되었다. '그위'와 '아름'의 뜻을 잘 알지 못하게 됨에 따라, '공(公)'을 '고루고루 하는 것'이라는 뜻을 가진 이두 낱말인 '공반/공변'으로 새기게 된 것이다.

이두에서 '공반(公反)'은 '어떤 것을 고루 하는(公正) 것을 거듭하는(反復) 것'을 뜻한다. 사람들은 '고루고루'를 뜻하는 한자 낱말을 새롭게 만들어서 '공반(公反)'이라 적고, 읽을 때는 '고루고루/골고루'라고 읽었다. 그런데 시간이 지나면서 '고루고루/골고루'를 뜻하는 '공반/공변'의 뜻도 잘 알아보지 못하게 되었고, 이로 말미암아 '공(公)'을 이루는 잣대가 '고루고루'와 '두루두루'라는 것도 알지 못하게 되었다. 오늘날 사람들은 '그위', '공반', '아름' 등을 모두 잊어버린 채 '공(公)'을 '공정(公正) 공'으로, '사(私)'를 '사사로울 사'로 새긴다.

한국사람에게 '구실'은 모든 사람이 함께해야 하는 '그위의 일=그윗일=구실'을 뜻한다. 이러한 '구실'은 함께 어울려서 살아가는 사람이면 누구나 따르고 지켜야 하는 것이다. 그리고 '구실하다'는 모든 사람이 함께해야 하는 '그위의 일'을 낱낱의 임자가 '고루고루'와 '두루두루'를 잣대로 삼아서 이루는 것을 말한다. 따라서 사람이 사람답게 살아가려면, 모두가 함께해야 하는 '그위의 일'을 고루고루, 두루두루 잘해낼 수 있어야 한다.

오늘날 한국사람은 '그위'를 '공(公)', '공공(公共)', '공정(公正)', '퍼블릭(public)' 등으로 말하고, '아름'을 '사(私)', '사사(私事)', '프라이빗(private)' 등으로 말하고, '구실'을 '직분(職分)', '역할(役割)', '롤(role)' 등으로 말한다. 그런데 이러한 말들의 뜻을 깊고 넓게 묻고 따지는 사람은 매우 드물다. 말의 뜻을 매우 어설프게 알고 있는 상태에서, 그저 목소리를 높이는 일에만 힘을 쏟는다.

07

목숨을 갖고 있는 한 가져야 할 몸가짐, 마음가짐
— 갖다·가지다

한국말에서 '갖다'와 '가지다'는 매우 중요한 말이다. '갖다'는 무엇이 어떤 것을 '갖는' 바탕을 나타내는 말이고, '가지다(갖+이+다)'는 '갖게 하는 것'으로서, 무엇이 어떤 것을 '갖게' 된 열매를 나타내는 말이다. 이를테면 얼음은 열기에 닿으면 녹는 성질을 '갖고' 있는 까닭에, 열기에 닿으면 곧바로 녹아내리는 성질을 '가지고' 있는 것으로 일컬어지게 된다.

한국말에서 '무엇'은 어떠한 것을 '갖고' 있는 것을 가리키는 말이다. 어떠한 것도 갖고 있지 않은 것은 무엇이 될 수 없다. 어떠한 것도 갖고 있지 않은 것은 그냥 아무것도 아닌 것이다. 이런 까닭에 사람들은 무엇에 대해서 이야기할 때, 반드시 어떠한 것을 끌어다가 "무엇은 어떠한 것이다"라고 말한다. 이를테면 눈앞에 무엇으로 있는 이것을 두고 "이것은 붉은 것이다", "이것은 빠른 것이다", "이것은 맛있는 것이다"라고 말한다.

"무엇은 어떠한 것이다"는 존재하고 있는 무엇이, 존재하는 일을 통해, 어떤 모습으로 드러나는 것을 풀어낸 말이다. 존재하는 무엇이 '갖고' 있는 것이, 존재하는 일을 통해 밖으로 드러남으로써, 무엇이 어떠한 것을 '가지고' 있는 존재로 나타나게 된다. 이런 까닭에 '갖다'와 '가지다'는 존재하는 무엇을 묻고 따지는 일에서 길잡이와 같은 구실을 한다.

'갖다'와 '가지다'의 짜임새와 쓰임새를 깊이 묻고 따지지 않으면 두 낱말이 어떤 점에서 같고 다른지 알기 어렵다. 그런데 사람들은 두 낱말을 '가지고' 쓸 때, 어떤 경우에는 가려 쓰고, 어떤 경우에는 두루 쓴다. 그 이유를 물으면 누구도 또렷하게 대답하지 못한다. 이러니『표준국어대사전』에서는 두 낱말을 아예 같은 것으로 풀이하고 있다. '갖다'를 찾으면 '가지다'의 준말이라고 되어 있다. 참으로 어이가 없는 일이다.

——— "나는 목숨을 갖고 있다"

나는 무엇을 '갖고' 있다. 나는 무엇을 '갖고' 있기 때문에 내가 될 수 있다. 내가 무엇을 '갖고' 있는 것에서부터, 나라는 것의 모든 것이 비롯한다.

나는 목숨이라는 것을 '갖고' 있다. 나는 목숨이라는 것을 '갖고' 있기 때문에 내가 될 수 있다. 내가 목숨이라는 것을 '갖고' 있는 것에서부터 나라는 것의 모든 것이 비롯한다.

나는 목숨이라는 것을 '갖고' 있기 때문에 목숨을 '갖도록' 하는 일을 해야 한다. 내가 '갖고' 있는 목숨은 그냥 그대로 이어지는 것이 아니라, 목숨을 '갖도록' 하는 일을 해야만 이어질 수 있다. 이런 까닭에 내가 목숨을 '갖도록' 하는 일을 하지 않으면, 목숨은 끊어져 사라져 버린다.

나는 목숨을 '갖도록' 하는 일을 함으로써, 목숨을 '가지고' 있는 사람으로 살아갈 수 있다. 이는 내가 목숨을 '가지고' 있는 사람으로 살아가려면, 끊임없이 목숨을 '갖도록' 하는 일을 해야만 한다는 뜻이다. 나는 목숨을 '갖도록' 하는 일을 통해 목숨을 '가지고' 있는 사람이 되는 까닭에, 내가 사람으로서 하는 모든 일은 목숨을 '갖도록' 하는 일에 바탕을 둔다.

나는 목숨을 '갖고' 있는 것으로 태어나, 목숨을 '갖도록' 하는 일을 함으로써, 목숨을 '가지고' 있는 임자로 드러나게 된다. 이때 목숨을 '갖고' 있는 것은 내가 '갖고' 있는 바탕을 가리키고, 목숨을 '갖도록' 하는 일은 내가 목숨을 이어가기 위해 끊임없이 느끼고 알고 바라고 이루는 일을 하게 되는 것을 가리키고, 목숨을 '가지고' 있는 것은 내가 '갖고' 있는 목숨이 갖가지 일로 드러남으로써 내가 '가지고' 있는 목숨의 임자가 나라는 것을 가리키는 말이다.

나는 목숨을 '갖고' 있기 때문에 목숨을 '갖도록' 하는 일에 필요한 온갖 것을 '가지는' 일을 해야 한다. 나는 몸의 안팎에 자리한 갖가지 것을 '가져야만', 목숨을 '갖도록' 하는 일을 이어갈 수 있다. 이를 위해서 나는 몸의 안에 자리한 갖가지 것을 '가지는' 일과, 몸의 밖에 자리한 공기, 밥, 옷, 집, 가정, 직장, 재산 등을 '가지는' 일을 아울러 해야 한다.

내가 목숨을 '갖도록' 하는 일을 하기 위해서 '가져야' 하는 것 가운데 가장 먼저 해야 하는 것은 내가 '갖고' 있는 몸과 마음을 스스로 '가지도록' 하는 일이다.

나는 몸과 마음을 '가지도록' 하는 일을 통해서, 몸과 마음을 '가질' 수 있다. 그리고 나는 이런 일을 잘해서, 좋은 몸과 마음을 '가질' 수 있다. 그런데 내가 좋은 몸과 마음을 '가질' 수 있게 되면, "나는 좋은 몸과 마음을 '갖고' 있다"라고 말할 수도 있고, "나는 좋은 몸과 마음을 '가지고' 있다"라고 말할 수도 있다. 이때 "나는 좋은 몸과 마음을 '갖고' 있다"를 "나는 좋은 몸과 마음을 '가진' 사람이다"라고 바꿔 말할 수 없다. 반면에 "나는 좋은 몸과 마음을 '가지고' 있는 사람이다"는 "나는 좋은 몸과 마음을 '가진' 사람이다"라고 바꿔 말할 수 있다.

왜냐하면 '갖다'는 이미 몸과 마음에 바탕으로 자리한 것을 가리키므로, 그것을 밖으로 드러내어 '가진' 몸과 마음이라고 쓰지 않기 때문이다. 그러나 '가지다(갖+이+다)'는 어떤 일을 통해서 몸과 마음이 '가지게' 된 것이므로, '가진' 몸과 마음이나 '가질' 몸과 마음이라고 밖으로 드러내어 쓸 수 있다.

좋은 몸이나 좋은 마음을 '가진' 사람이 되기 위해서는 몸이나 마음을 '가지는' 일에 힘을 쏟아야 한다. 사람들은 좋은 몸을 '가진' 사람이 되기 위해 '몸가짐(몸+가짐)'을 바르게 해야 한다고 말하고, 좋은 마음을 '가진' 사람이 되기 위해 '마음가짐(마음+가짐)'을 바르게 해야 한다고 말한다. 사람은 몸과 마음을 '갖고' 있기 때문에, 그것을 바르게 '가지는' 일을 통해 '몸가짐'과 '마음가짐'을 바르게 만들 수 있다.

나는 목숨을 '갖도록' 하는 일을 하기 위해서 끊임없이 몸의 바깥에 있는 온갖 것을 '가질' 수 있어야 한다. 나는 공기를 '가질' 수 있어야 숨을 쉴 수 있고, 물을 '가질' 수 있어야 물을 마실 수 있고, 밥을 '가질' 수 있어야 밥을 먹을 수 있고, 옷을 '가질' 수 있어야 옷을 입을 수 있다. 이런 까닭에 나는 목숨을 '갖도록' 하는 일에 쓰는 온갖 것을 '가지고자' 한다. 내가 목숨을 '갖도록' 하는 일을 하기 위해서, 어떤 것을 '가질' 수 있도록 미리 '갖게' 하는 것이 '갖추는' 일이다. '갖추다'는 내가 무엇을 미리 가지도록 해서, 앞으로 벌어질 일을 위해 '가지게' 되는 것을 말한다.

──── 가지는 방법, 가지는 임자

안팎에 있는 갖가지 것을 '가지는' 것은 어떠한 방법으로 '갖게' 되느냐에 따라 여러 가지로 나뉠 수 있다. 이를테면 나는 어떤 것을 '그냥' 가질 수도 있고, 어떤 것을 '차지해서' 가질 수도 있으며, 어떤 것을 '길러서/얻어서/사서/빌려서/훔쳐서/빼앗아서' 가질 수도 있다. 이런 까닭에 나는 무엇을 어떻게 '가질' 것인지를 놓고, 알맞은 방법을 찾기 위해 끊임없이 시름하게 된다.

내가 안팎에 있는 갖가지 것을 '가지는' 것은 임자가 누구냐에 따라 크게 네 가지로 나뉜다.

첫째, '내가 임자인 그 무엇'을 가지는 일이다. 내가 임자이므로 내 뜻을 좇아서 이렇게 또는 저렇게 할 수 있다.

둘째, '임자가 없는 그 무엇'을 가지는 일이다. 임자가 없으므로 내 뜻을 좇아서 이렇게 또는 저렇게 할 수 있다. 경우에 따라 내가 그 무엇을 그냥 가질 수도 있고, 남과 겨루어서 가질 수도 있다.

셋째, '남이 임자인 그 무엇'을 가지는 일이다. 남이 임자이므로 내 뜻을 좇아서 이렇게 또는 저렇게 할 수 없는 것이 생겨난다. 내가 그 무엇을 가지는 것은 그 무엇의 임자인 남에게 달려 있다.

넷째, '모두가 임자인 그 무엇'을 가지는 일이다. 모두가 임자이므로 내 뜻을 좇아서 이렇게 또는 저렇게 할 수 없는 것이 생겨난다. 내가 그 무엇을 가지려면 모두가 정해놓은 다짐을 따라서 이루어져야 한다.

내가 목숨으로서 살아가는 일은 무엇을 '가지는' 일에 바탕을 두고 있다. 이런 까닭에 한국사람은 살아가는 일에서 겪는 모든 것을 '가지는' 것으로 이야기한다. 이를테면 "아침에 늦게 일어나 가지고, 회사에 지각을 해 가지고, 부장에게 꾸중을 들어 가지고, 기분이 좋지 않아 가지고, 퇴근 후 술집에 들러 가지고, 늦게까지 친구와 술을 마셔 가지고, 집에 늦게 들어와 가지고, 어머니에게 잔소리를 들어 가지고…"라고 말한다. 또한 홍수나 산불 같은 것도 '홍수가 나 가지고', '산불이 나 가지고'라고 말한다. 이와 같이 겪는 일은 모두 '가지는' 일이다.

사람들은 목숨으로서 살아가기 위해, 저마다 내가 무엇을 어떻게, 얼마나 '가질' 것인지를 놓고 생각을 거듭한다. 그런데 수많은 사람이 함께 어울려 살아가기 때문에 내가 무엇을 '가지는' 일과 남이 무엇을 '가지는' 일이 서로 부딪치게 된다. 사람들은 누가 무엇을 어떻게, 얼마나 '가질' 것인지를 놓고 끊임없이 서로 떠들고, 겨루고, 다투고, 싸운다.

사람들은 누가 무엇을 어떻게, 얼마나 '가지는' 일을 놓고 끊임없이 서로 부딪쳐야 하는 까닭에, 모두가 두루 함께하는 '나라'를 바탕으로 삼아, 누가 무엇을 어떻게, 얼마나 '가져야' 하는지에 대해 서로 미리 다짐을 두고자 한다. 이렇게 미리 다짐해놓은 것이 바로 정치·경제체제이다. 정치·경제체제는 낱낱의 내가 저마다 목숨을 '갖도록' 살리는 일을 바탕으로 삼아, 모두가 함께 어울려 살아가는 일의 틀을 '갖춰서' 차려놓은 것이다. 나라를 이루는 낱낱의 사람이 목숨을 '갖도록' 하는 일에 대해 어떠한 생각을 '가지고' 있느냐에 따라 정치·경제체제가 여러 가지로 달라질 수 있다.

08

사람이 태어나서 죽을 때까지 해야 하는 일
― 묻다·따지다·풀다

─── **무엇이 어떤 무리에 속하는지 묻고**

　사람들은 어떤 것에 대해 궁금함을 느끼면 어떤 것에 대해 묻는 일로 나아간다. 궁금함을 느끼는 것이 많을수록 묻는 일 또한 많아진다.

　어떤 것에 대해 묻는 일은 두 가지로 이루어진다. 하나는 어떤 것이 무엇인지 묻는 일이고, 다른 하나는 어떤 것을 어떻게 하는 것인지 묻는 일이다. 사람들은 어떤 것이 무엇인지 물어서, 어떤 것을 무엇으로 알게 되면, 그것을 바탕으로 어떤 것을 어떻게 하는지 묻는 일로 나아간다.

　'묻다'는 '묻+다'로, '묻'에 바탕을 두고 있다. '묻'은 '뭇', '무릇', '무리', '무엇'과 뿌리를 같이하는 말이다. '묻다'가 무엇인지 알기 위해서는 '묻'과 '뭇', '무릇', '무리', '무엇'의 관계를 살펴보아야 한다.

　'뭇(무+ㅅ)'은 어떤 것들을 하나로 아울러서 모두를 일컫는 말이다. 이를테면 한국사람은 한자 낱말 '중(衆)'을 '뭇 중'으로 새겼는데, 이때 '뭇'은 모두를 뜻한다. 중생(衆生)은 '목숨을 가진 모든 사람' 또는 '목숨을 가진 모든 생명'을 하나로 아울러서 일컫는 말이다.

'무릇(물+웃)'은 어떤 것들을 하나로 아울러서 모두를 싸잡아 일컫는 말이다. 이를테면 한국사람은 한자 낱말 '범(凡)'을 '무릇 범'으로 새겼는데, 이때 '무릇'은 모두를 뜻한다. 범인(凡人)은 '어디서나 볼 수 있는 이런저런 사람'을 싸잡아 일컫는 말이다.

'무리(물+이)'는 어떤 것들을 하나로 아울러서 갈래를 나누어 일컫는 말이다. 이를테면 한국사람은 한자 낱말 '류(類)'나 '륜(倫)'을 '무리 류', '무리 륜'으로 새겼는데, 이때 '무리'는 모두를 뜻한다. 인류(人類)는 모든 사람을 하나로 아울러서, '사람'이라는 갈래로 나누어 일컫는 말이다.

'무엇(무+엇)'은 여러 가지 것을 이런저런 무리로 갈래를 나누어 놓은 것들 가운데, 아직 갈래를 알지 못하는 어떤 것을 일컫는 말이다.

위에서 살펴본 '뭇', '무릇', '무리', '무엇'에 바탕을 두고 '묻는 일'이 무엇을 어떻게 하는 일인지 알아보면 다음과 같다.

'묻는 일의 시작'은 어떤 것이 어떤 '무리'에 속하는 '무엇'인지 알고 싶어 하는 것에서 비롯한다. '묻는 일의 과정'은 어떤 것을 어떤 '무리'로 나누는 것을 바탕으로 어떤 '무리'와 같게 여겨서,

'무엇'으로 풀어가는 것으로 이루어진다. '묻는 일의 결과'는 어떤 것을 어떤 '무리'로 나눈 것을 어떤 '무리'와 같게 여겨서, 어떤 것을 '무엇'으로 일컫는 것으로 이루어진다.

무엇을 어떤 '무리'로 알아보는 것은 크게 두 가지가 있다. 하나는 무엇을 '어떤 것에 속하는 것'으로 알아보는 것이다. 이를테면 사람들이 무엇을 사슴의 무리에 속하는 것으로 알아보면, "이것은 사슴이다"라고 말한다. 다른 하나는 무엇을 '어떻게 하는 것에 속하는 것'으로 알아보는 것이다. 이를테면 사람들이 무엇을 '밀어서 닫는 것'에 속하는 것으로 알아보면, "이것은 밀어서 닫는 미닫이문이다"라고 말한다.

─── 무엇이 어디에 닿는지 따지고

무엇에 대해 물었을 때 곧바로 답을 얻지 못하면 무엇을 따지는 일로 나아가게 된다. 묻는 것이 깊고 넓을수록 따지는 일 또한 깊고 넓어진다.

한국사람들이 '따지다'라는 말을 만들어 쓴 지는 그리 오래되지 않은 듯하다. 옛말에는 '따지다'라는 말을 찾아볼 수가 없다. 19세기 말부터 사람들이 캐묻는 일에 힘을 쏟게 되면서 '따지다'라는 말을 만들어 쓴 것으로 보인다.

'따지다'는 '닿다'에 뿌리를 둔 말이라고 할 수 있다. '닿게 하는 것'을 뜻하는 '닿히다'가 '따지다'로 바뀐 것이다. '따지다'가 무엇을 뜻하는 말인지 알아보려면, 먼저 '닿다'가 무엇을 뜻하는 말인지 살펴보아야 한다.

옛말에서 '닿다'는 세 가지 뜻으로 쓰였다. 첫째는 오늘날 '~에 닿다'라고 쓰는 '닿다'로, 이것이 저것으로 나아가서, 이것이 저것에 닿아서 만나는 것을 뜻하는 말이다. 둘째는 오늘날 '~을 땋다'라고 쓰는 '닿다'로, 실이나 머리카락 같은 것을 땋아서 하나의 가닥이 되게 하는 것을 뜻하는 말이다. 셋째는 오늘날 '~답다'라는 말과 비슷하게 쓰는 '닿다'로, 어떤 것이 다 이루어져서 어떤 것이 어떤 것답게 되는 것을 뜻하는 말이다.

'닿다'에서 볼 수 있는 세 가지 뜻을 바탕으로 '닿다'의 뜻을 풀어보면, '닿다'는 '어떤 것이 이쪽에서 저쪽으로 나아가는 일을 온전히 다함으로써, 어떤 것이 어떤 것답게 되도록 하는 것'이라고 할 수 있다. 이는 '따지다'의 뜻을 살펴보는 일에서 매우 중요한 실마리가 될 수 있다.

'따지다=땋+이+다'로, '땋게 하는 것'을 말한다. '땋게 하는 것'은 '닿게 하는 것'과 '땋게 하는 것'과 '답게 하는 것'이 하나로 어우러진 일이다. '따지는 일'은 사람들이 무엇에 대해 묻고 푸는 일을 이루기 위해서, 이렇게 묻는 일과 저렇게 묻는 일을 차례를 밟아 하나가 되도록 온전히 함으로써, 묻고 따지고 풀어서 알아가는 일이 제대로 이루어질 수 있도록 하는 것을 뜻한다.

─── 뭉쳐 있던 무엇이 고루 자리하도록 풀고

어떤 것에 대해 묻고 따지게 되면 어떤 것을 풀어가는 일로 나아가게 된다. 묻고 따지는 것이 깊고 넓을수록 풀어가는 일 또한 깊고 넓어진다.

'풀다'는 '풀'과 뿌리를 같이하는 말이라고 할 수 있다. '풀다'는 '푸는 일'로, 뭉쳐 있거나 맺혀 있는 것이 풀처럼 풀려서 고루 자리하는 것을 말한다.

'풀다'의 바탕이 되는 '풀'에는 두 가지가 있다. 하나는 땅이나 물에서 나고 자라는 '풀'이다. 풀은 뿌리나 덩굴이나 씨앗을 통해서 이리저리 풀어져 고루 자리한다. 다른 하나는 사람들이 어떤 것을 다른 것에 붙이기 위해 밀가루와 같은 것으로 만들어서, 물에 풀어 쓰는 '풀'이다. 풀이 물에 풀려서 고루 자리하게 되면, 이것과 저것을 붙여서 하나가 되게 할 수 있다.

한국사람은 어떤 것이 '풀'처럼 풀려서 고루 자리하게 되면, 어떤 것이 제대로 이루어질 수 있다고 본다. 사람들은 날씨가 풀리고, 몸이 풀리고, 일이 풀리면 뜻하는 일을 제대로 이룰 수 있다고 생각한다. 이런 까닭에 무엇을 묻고 따지는 일을 하나하나 풀어가면, 무엇을 알아보는 일을 바르게 이룰 수 있다.

09

깨치고 나아가 끝내 깨달으리라
— 깨닫다·깨치다

사람들은 불현듯 어떤 것을 깊고 넓게 알아차리게 되었을 때 '깨달았다', '깨쳤다'라고 말한다. 무언가를 제대로 알고 싶어 하는 사람들은 깨달음과 깨침을 매우 중요하게 여긴다.

『표준국어대사전』의 풀이를 찾아보면, '깨닫다'는 "1. 사물의 본질이나 이치 따위를 생각하거나 궁리하여 알게 되다. 2. 감각 따위를 느끼거나 알게 되다"라고 되어 있고, '깨치다'는 "일의 이치 따위를 깨달아 알다"로 되어 있다.

위 풀이에 따르면 '깨닫는 일'은 사람들이 어떤 것을 생각하거나 궁리하거나 느껴서 알게 되는 일을 말하고, '깨치는 일'은 사람들이 어떤 것을 깨달아서 아는 일을 말한다. 그러나 이런 식으로 풀어내서는 깨닫는 일과 깨치는 일이 무엇을 어떻게 하는 일인지 잘 알아볼 수가 없다.

'깨닫다'와 '깨치다'가 무엇을 뜻하는 말인지 또렷하게 알 수 있는 아주 쉬운 방법이 있다. 바로 '깨닫다'와 '깨치다'라는 말의 짜임새를 살펴보는 것이다. 그런데도 많은 이들이 이런 것을 제대로 살펴보지 않은 상태에서 '깨닫다'와 '깨치다'의 뜻을 '각(覺)'이나 '오(悟)'와 같은 한자 낱말을 풀어서 '學', '見', '忄(心)', '吾'와 같은 것을 끌어다가, '어떤 것을 생각하거나 궁리하여 깊고 넓게 알아보는 것' 따위로 풀어내고 있다.

——— 꺼풀을 벗겨서 속이 또렷하게 드러나니

'깨닫다'와 '깨치다'는 모두 '깨'에서 비롯하는 어떤 일을 가리킨다. 이때 '깨'는 '깨다=깨는 것'으로, 잠이나 술이 깨는 것을 뜻하는 말이다. 잠이나 술이 깨면 머리가 맑아지면서 눈이 또렷하게 보이고, 귀가 또렷하게 들리는 상태에 놓인다. 사람들이 '깨어 있는 상태'에서 '닫는 일'로 나아가면 '깨닫는 일'이 되고, '치는 일'로 나아가면 '깨치는 일'이 된다.

'깨다'는 '까다'와 뿌리를 같이하는 말이다. '까다'는 사람이 밤껍질을 까거나 새끼가 알을 까는 것과 같은 일을 말한다. 이때 무엇이 어떤 것을 까는 일은 어떤 것을 감싸고 있는 꺼풀을 벗겨냄으로써 속에 있던 것이 드러나는 일을 말한다. '깨다=까+이+다', 즉 '까지게 되는 일'이다. '깨다'는 어떤 것을 감싸고 있는 꺼풀이 벗겨져 나감으로써 속이 드러나게 되는 일이라고 할 수 있다.

잠이나 술이 깨면 머리를 감싸고 있던 꺼풀이 벗겨져 나감으로써, 머리가 맑게 차려지는 것과 함께 눈이 잘 보이고, 귀가 잘 들리게 된다. 사람들은 이러한 눈과 귀로써 어떤 것을 감싸고 있는 겉의 안에 있는 것까지 꿰뚫어서 알아보고, 알아들을 수 있다. 이와 같은 상태에서 '닫는(닿는) 일'을 하면 '깨닫는 일'에 이르게 되고, '치는 일'을 하면 '깨치는 일'에 이르게 된다.

'깨닫다'에서 '닫다(닿다)'는 '내닫다', '치닫다', '맞닫다'에서 보듯이, 어떤 것이 다른 것으로 나아가서 만나는 일이 일어나는 것을 말한다. '깨닫다(깨+닫+다)'는 '깨서 닫는(닿는) 일'이다. 즉 머리가 맑게 차려진 상태에서, 어떤 것으로 나아가 눈으로 살펴서 보고, 귀로 살펴서 듣는 일을 함으로써, 어떤 것을 깊고 넓게 알아보고 알아듣고 알아차리는 일을 말한다.

'깨치다'에서 '치다'는 여러 가지 뜻이 어우러진 말이다. '종을 치다', '북을 치다'라고 할 때 '치다'는 어떤 것이 나아가서 부딪히는 일을 말하고, '그물을 치다', '천막을 치다'라고 할 때 '치다'는 어떤 것을 풀어서 펼치는 일을 말하며, '난을 치다', '먹줄을 치다'라고 할 때 '치다'는 금을 그어서 그리는 일을 말하고, '값을 치다', '셈을 치다'라고 할 때 '치다'는 어떤 것의 값을 매겨서 여기는 일을 말한다.

이러한 '치다'는 사람들이 무엇과 부딪치는 일을 바탕으로 삼아, 무엇을 이리저리 다루어서, 무엇으로 여겨서 알아보는 일을 말한다. '깨치다(깨+치+다)'는 '깨서 치는 일'이다. 머리가 맑게 차려진 상태에서, 어떤 것을 부딪치는 방식으로, 이리저리 다루어서 겪어봄으로써, 눈으로 보고 귀로 듣는 일을 야무지게 하여, 무엇으로 여겨서 알아보는 일을 깊고 넓게 하는 것을 말한다.

10

깨쳐서 나날이 익히니 즐겁지 아니한가
— 깨치다·익히다·배우다

『표준국어대사전』에서 '학습(學習)'을 찾아보면 "배워서 익힘"으로 풀이해놓았다. 그러나 학습을 배워서 익히는 일이라고 말하는 것은 마치 음식을 씹어서 먹는 것이 아니라 먹어서 씹는 것이라고 말하는 것과 같다. 이처럼 어처구니없는 뜻풀이를 하게 된 것은 '익히는 일'과 '배우는 일'이 어떤 점에서 같고 다른지 잘 알지 못하기 때문이다.

'학습(學習)'에서 '학(學)'은 깨치거나 본받는 일을 통해 배움이 시작되는 것을, '습(習)'은 깨치거나 본받은 것을 익히는 일을 통해 배움의 결과가 만들어지는 과정을 말한다. 즉, '학습'은 '깨치고 익히는 일' 또는 '본받아 익히는 일'을 뜻하는 말이다. '학'과 '습'에 대해 좀 더 자세히 살펴보자.

학문(學問), 학자(學者), 학업(學業)에서 '학'은 깨치는 일을 말한다. 학생(學生), 학도(學徒)에서 '학'은 깨치고 익히거나 본받아 익혀서 그것이 몸과 마음에 배도록 하는 일이고, 철학(哲學), 과학(科學)에서 '학'은 어떤 것에 대해 깨친 것을 갈래를 나누어서 알음알이의 판을 차리는 것을 말한다.

후한(後漢) 때 허신(許愼)이 완성한 『설문해자(說文解字)』에서는 '학'을 '깨치는 것(悟也)'으로 풀이했다. 그리고 청나라 때 간행된 『강희자전(康熙字典)』은 '학'을 '깨치는 것(覺悟也)'으로 풀이하고, 덧붙여서 "주자(朱子)가 '학'을 '본받는 것'으로 말했다(朱子曰 : 學之爲言 效也)"라고 풀이했다.

조선시대 선비들은 주자의 풀이를 좇아서 '학'을 '본받는 일'로 새기는 일이 많았다. 정조 때 편찬된 『전운옥편(全韻玉篇)』은 '학'을 '본받는 것'으로 보아서 '효(效)'로 풀이하고, 덧붙여서 '학'이 '각오(覺悟)', '수교(受敎)', '전업(傳業)', '상서(庠序)'를 두루 일컫는 말이라고 풀이했다.

'학'은 사람들이 어떤 것에 대해 깨치거나 본받은 것을 익히는 과정을 거쳐서, 몸과 마음에 배도록 하는 일을 말한다. 따라서 '학'이 들어가는 낱말을 새길 때는 '깨칠 학', '본받을 학', '익힐 학', '배울 학' 등으로 나눠서 경우에 맞게 풀어야 한다.

그런데 오늘날 한국사람은 '학'을 몸과 마음에 배도록 하는 일을 뜻하는 '배울 학'으로만 새긴다. 이 때문에 사람들은 '학습'을 '배울 학'과 '익힐 습'으로 새겨서, '배우고 익히는 것'으로 말한다. 이렇게 생각하게 된 데는 두 가지 까닭이 있다.

첫째, 옛날에 한국사람은 중국에서 가져온 한자와 한문을 익히는 일을 학문이라고 불렀다. 한국사람이 한자와 한문을 익히는 일은 대부분 글자나 문장을 통째로 외워서 몸과 마음에 배도록 하는 일로써 이루어졌다. 이 때문에 한자와 한문을 공부하는 이들은 '학'을 주로 배우는 일로 보게 되었다.

둘째, 조선시대에 유학이 크게 힘을 떨치자, 선비들이 공부하는 일은 대부분 『사서(四書)』와 『오경(五經)』 같은 경전을 읽고 외워서 몸과 마음에 잘 배도록 하는 일이었다. 경전을 어떻게 배우느냐에 따라 과거시험에 붙고 떨어지는 일과 정승판서가 되고 안 되는 일이 달라졌다. 이 때문에 그들은 글을 잘 배우기 위해 수십 번은 물론이고 수백, 수천 번을 거듭해서 읽고 또 읽어서 줄줄이 외울 수 있도록 했다. 그들에게 '학'은 경전의 가르침을 몸과 마음에 배도록 하는 일이었다.

한국사람이 '학'을 '배우는 일'로 풀이하는 것은 나름의 사정에서 빚어진 것이니, 그냥 그렇게 봐줄 수 있다. 그런데 오늘날 '학습'을 '배우고 익히는 일'로 풀이하는 것은 크게 잘못된 것이라서, 그냥 그렇게 봐줄 수가 없다. '익히는 일'과 '배우는 일'이 헷갈리면 가르치는 일과 배우는 일이 모두 엉망으로 치닫게 되기 때문이다.

─── 배움의 시작과 과정과 결과를 아우른 것이 학습

'학습(學習)'의 뜻을 제대로 알려면, 한국사람이 '습(習)'을 어떻게 새겼는지 살펴볼 필요가 있다.

학습(學習), 연습(練習), 훈습(薰習), 습관(習慣), 풍습(風習)에서 '습'은 어떤 것이 몸과 마음에 익어서 배어드는 것을 말한다. 중종 때 최세진이 지은 『훈몽자회』는 '학'과 '습'을 모두 '배우는 일'로 보아서 '배울 학', '배울 습'으로 새겼다. 그런데 선조 때 간행된 『석봉천자문』에 이르면 '학'과 '습'을 나누어 '배울 학', '익힐 습'으로 새겼다. 『석봉천자문』이 나온 뒤로 '학'을 '배울 학'으로, '습'을 '익힐 습'으로 새기는 것이 굳어졌다.

오늘날 '익히다'라고 말하는 것을 옛날에는 '니기다'라고 말했다. '니기다(닉+이+다)'는 '닉다'에 뿌리를 둔 말로, '닉도록 하는 것'을 뜻한다.

'니기는 일', 즉 '익히는 일'은 어떤 일을 거듭하여 때가 흐르면서 일이 깊어지도록 하는 것을 말한다. 이를테면 감자를 익히는 것은 감자에 열을 더하는 일을 거듭하여 때가 흐르면서 감자에 열이 깊게 들어가도록 하는 것이고, 기술을 익히는 것은 사람이 기술을 익히는 일을 거듭하여 때가 흐르면서 기술이 몸과 마음에 깊게 들어가도록 하는 것이다.

그런데 사람들이 '습'을 '익힐 습'으로 새겨서 '학습'을 풀게 되면, '학습'은 '학(學)하고 익히는 일'이 된다. 이런 경우에 '학'을 '배울 학'으로 새기면 '학습'은 '배우고 익히는 일'이 되어서, 말이 되지 않는다. 이미 배운 것을 다시 익히는 일은 불필요하기 때문이다. '학습'에서 '학'은 '배울 학'이 아니라 '깨칠 학'으로 풀어야 말이 된다. '학습'은 '깨쳐서 익히는 일'을 뜻하는 말이다.

이처럼 '학습=깨치고 익히는 일'이라고 할 때, '학습'의 뜻을 제대로 알려면 '깨치는 일'이 무엇을 뜻하는 말인지 또렷이 알아야 한다. 바로 앞의 장에서 살펴보았듯이 '깨치다=깨다+치다'이고, '깨다'는 사람이 잠에서 깨는 것과 같은 것을 말한다. 사람이 잠에서 깨면 갖가지 '무엇'이 눈에 보이고, 귀에 들리는 일이 절로 일어난다. 이렇게 되면 사람은 갖가지 '무엇'을 '어떠한 것'으로 치는 일을 통해, '무엇'을 '어떠한 것'으로 알아보고, 알아듣고, 알아차리는 일로 나아갈 수 있게 된다.

정리하면, '학습(學習)'은 배우는 일의 시작과 과정과 결과를 아우르는 말이다. '학습'은 '깨치고 익히는 일', '본받아 익히는 일', '깨치고 익혀서 배우는 일', '본받아 익혀서 배우는 일'을 뜻한다.

11

따로 또 같이 함께하며 살아가네
— 나·남·저·우리·너·저들·저희

한국사람은 '나'를 잣대로 '나'와 '남'을 나누는 것을 바탕으로 삼아, '저'와 '우리'와 '너'와 '저들'과 '저희'를 나눠서 말한다. 하나씩 살펴보면 다음과 같다.

첫째, '나'는 낱낱으로 나 있는 어떤 것이 저를 스스로 일컫는 말이다. 사람들은 제가 저를 스스로 일컬을 때만 '나'라고 말한다. '나'는 '나다', '낳다(나+히+다)', '내다(나+이+다)'와 뿌리를 같이하는 말이다. '나'는 '내'가 절로 '난 것'이면서, 어버이가 '나'를 '낳은 것'이면서, 물과 불과 흙과 같은 온갖 것들이 '나'를 '낸 것'이다. 이런 까닭에 '나'는 낱낱으로서 저마다 따로 하는 것이면서, 다른 것과 더불어 우리로서 함께하는 것이다. '나'는 따로 하는 '저'와 함께하는 '우리'로 이루어져 있다.

둘째, '남'은 '나'를 넘어서 나의 밖에 남아 있는 어떤 것을 가리키는 말이다. 사람들은 '나'를 넘어서 나의 밖에 남아 있는 다른 사람, 혹은 다른 모든 것을 '남'으로 일컫는다.

셋째, '저'는 저마다 따로 하는 낱낱의 '나'를 가리키는 말이다. '나'와 '남'은 모두 다 저마다 따로 하는 낱낱의 '나'로 자리하고 있다. '나'도 '저'이고, '남'도 '저'이다.

넷째, '우리'는 저마다 따로 하는 '나'와 '남'이 함께 어울려서, 하나의 모두를 이룬 것을 가리키는 말이다. '우리=울+이'로, '나'와 '남'이 하나의 '울'을 이루고 있다. 하나의 '우리'를 이루는 '나'와 '남'은 모두로서 함께하게 된다.

다섯째, '너'는 '나'를 넘어서 있는 '남들' 가운데 내가 '나의 쪽'과 '너의 쪽'으로서 함께 마주하고 있는 '남'을 가리키는 말이다. '나의 쪽'인 '나'와 '너의 쪽'인 '너'는 서로 좋은 사이일 수도 있고, 나쁜 사이일 수도 있다.

'너'는 '넘다'와 뿌리를 같이하는 말이다. '너'는 '나'를 넘어서 있는 어떤 것으로서, '나'와 같은 것을 말한다. '나'는 '나'를 넘어서 있는 것들 가운데 '나'와 같게 여기는 어떤 하나를 '너'로서 마주하여 함께하며, 이를 통해 '나'가 누구인지 또렷이 알아가게 된다. '나'를 넘어서 있는 '너'는 '나'를 비추는 거울과 같은 구실을 한다. 이런 까닭에 '내'가 '나'를 알아가는 일에서 '너'는 '나'만큼 중요하다.

여섯째, '저들'은 나의 밖에 있는 '남들' 가운데, '저'와 '저'가 함께하여 여럿을 이루고 있는 것을 가리키는 말이다.

일곱째, '저희'는 '내'가 마주하고 있는 '남'에게 '남'이 끼어들 수 없는 '우리'를 따로 가리키는 말이다. 내가 '저희'라고 일컫는 '우리'에는 '남'이 끼어들어서 함께할 수가 없다.

──── '나'와 '너'의 이다지도 복잡한 관계들

한국사람은 '나'를, 낱낱이 따로 하는 '저'와 모두로서 함께하는 '우리'로 나눠서 보기 때문에 '내'가 '너'를 마주하여 함께하는 일이 매우 복잡하게 이루어진다. '저'와 '우리'를 바탕으로 삼아서, '내'가 '너'를 마주하여 함께하는 것은 크게 네 가지로 나눌 수 있다.

첫째, '저'라고 생각하는 '나'와 '저'라고 생각하는 '너'가 마주하여 함께하는 경우, 둘째, '저'라고 생각하는 '나'와 '우리'라고 생각하는 '너'가 마주하여 함께하는 경우, 셋째, '우리'라고 생각하는 '나'와 '저'라고 생각하는 '너'가 마주하여 함께하는 경우, 넷째, '우리'라고 생각하는 '나'와 '우리'라고 생각하는 '너'가 마주하여 함께하는 경우이다.

한국사람이 '나'와 '너'가 마주하여 함께하는 것을 복잡하게 느끼고, 알고, 바라고, 이루는 것은 한국말이 그렇게 되어 있기 때문이다. 한국말은 온갖 것들이 언제나 함께하는 것처럼 말하게 되어 있다. 이를테면 "나는 학교에 가지"라는 말은 '나'와 '학교'가 어떻게 함께하느냐에 따라 수십, 수백 가지로 다르게 말해질 수 있다. '나'는 '나는/나만/나도/나부터/나까지/나만이라도/나부터라도/나까지라도~'로 달라질 수 있고, '학교'는 '학교를/학교로/학교에/학교에서/학교까지/학교부터/학교로부터/학교만/학교도/학교만이라도/학교부터라도/학교까지라도~'로 달라질 수 있으며, '가지'는 '간다/가니/가고/가면/가서/가니까~'로 달라질 수 있다.

한국사람은 한국말의 말차림에 이끌려서 '나'와 '너'가 늘 '우리'로 함께하는 것처럼 생각한다. 이런 까닭에 '나'와 '너'가 마주하여 함께하는 일에서 빚어지는 모든 것을 '우리'라는 말에 담아서 '우리 아버지', '우리 동생', '우리 아내', '우리 집', '우리 학교', '우리 회사', '우리 나라', '우리 세상' 등으로 말한다.

12

나와 임은 함께하며
서로를 이루어가네
― 임·이·이다·임금·왕(王)·주(主)

'님(임)'은 '나'와 하나의 '우리'를 이루고 있는 '남' 가운데, '나의 쪽'에서 받들어 모시고자 하는 '너의 쪽'을 가리키는 말이다. '나의 쪽'이 '너의 쪽'을 '님'으로 받들어 모시고자 하는 것은, '나의 쪽'과 '너의 쪽'이 함께해야만 '나의 쪽'이 나답게 되고, '너의 쪽'이 너답게 되는 일이 이루어진다고 보기 때문이다. '나'와 '님'은 함께하여, 서로가 서로를 이루어가는 사이이다.

한국사람은 받들어 모시고자 하는 어떤 것을 그냥 '님'으로 부르기도 하고, 어떤 것의 앞이나 뒤에 '님'을 붙여서 '님(임)~'이나 '~님'으로 부르기도 한다.

어떤 것의 앞에 '님(임)'을 붙여서 부르는 말에는 '님자(임자)'와 '님금(임금)'이 있다. '님자(님+자)'는 스스로 나름의 잣대를 가지고 무엇을 하는 어떤 것을 가리키는 말이고, '님금(님+금/감)'은 '님자' 가운데 누구에게나 '님'이 될 수 있는 '곰(감/가암)*'을 가리키는 말이다.

어떤 것의 뒤에 '님'을 붙여서 부르는 말에는 임금님, 나라님, 영감님, 하느님, 신령님, 해님, 달님, 어머님, 아버님, 형님, 아우님, 마나님, 서방님, 벗님, 스승님, 선생님, 스님, 목사님, 신부님, 사장님 등이 있다. 받들어 모시고자 하는 것이면 무엇이든 '님'을 붙여서 '~님'으로 부를 수 있다.

─── 임은 나의 머리 위에 이는 이

'님(임)'은 '니다(이다)'와 '니(이)'에 바탕을 둔 말이다. 따라서 먼저 '니다'와 '니'가 무엇을 뜻하는 말인지 알아볼 수 있어야, '님'의 뜻을 밝게 알아볼 수 있다.

'니다'는 어떤 것의 위에 다른 것이 자리하게 되는 것을 말한다. 이를테면 지붕에 기와를 니는(이는) 것이나, 머리에 보따리를 니는(이는) 것과 같은 것을 말한다.

이것이 저것을 머리 위에 니게(이게) 되면, 위쪽에 자리한 저것이 아래쪽에 자리한 이것을 눌러서 이것과 저것은 언제나 늘 함께하는 사이가 된다. 아래쪽에 자리한 이것과 위쪽에 자리한 저것이 중력의 법칙을 좇아서 끊임없이 서로 당기기 때문이다.

---

* 가암은 사람들이 '옷감', '땔감', '물감', '일감', '장난감', '신랑감', '신붓감', '장군감' 따위로 말하는 '~감'을 말한다. '~감'의 옛말은 '~가암'이었는데, 말소리가 줄어서 '~감'이 되었다. (최봉영, 『한국말 말차림법』, 124쪽)

내가 너를 나의 머리 위에 니게 되면, 나와 너는 언제나 함께하는 사이가 된다. 한국사람은 나의 머리 위에 너를 니어서(이어서), 나와 네가 언제나 함께하고자 할 때, 그러한 너를 '님'으로 불러왔다. '님'은 '니는 것'으로서, 내가 머리에 니고(이고) 있는 너를 가리키는 말이다.

나라는 사람에게 가장 으뜸인 것은 나의 맨 위에 자리하고 있는 '머리/마리'이다. 옛말에서는 머리를 머리 또는 마리로 일컬었다. '머리(멀+이)'는 '멀리하는 것'으로서, 내가 눈, 귀, 코, 입으로써 멀리 있는 것과 만나는 일이 일어나는 곳이고, '마리(말+이)'는 '말하는 것'으로서, 내가 갖가지 말로써 멀리 있는 것과 함께하는 일이 일어나는 곳이다. 나는 이러한 머리/마리가 돌아갈 수 있어야 하고, 돌아가는 머리를 굴릴 수 있어야 하고, 굴릴 수 있는 머리를 제대로 쓸 수 있어야, 사람으로 노릇을 할 수 있다. 내가 이러한 머리 위에 너를 니고서 너를 '님'으로 부르는 것은, 나와 네가 언제나 늘 함께하는 이쪽과 저쪽이기 때문이다.

이쪽과 저쪽이 언제나 늘 함께하는 것을 '니다'라고 말한 것은 동물의 입안에서 볼 수 있는 '니(이)'에 바탕을 두고 있다. '니'는 위쪽의 니와 아래쪽의 니가 언제나 함께한다. 위쪽의 니와 아래쪽의 니가 함께해야만 니로서 노릇할 수 있고, 그러지 않으면 니로서 노릇할 수 없다. 무엇이 니가 되기 위해서는 이쪽과 저쪽의 니가 반드시 함께해야 한다. 동물들은 위쪽의 니와 아래쪽의 니를 맞닿게 해서, 어떤 것을 물거나 뜯거나 씹거나 깨거나 부수는 일 등을 할 수 있으며, 그럼으로써 목숨을 이어서 살아가는 일을 할 수 있다.

한국사람이 '니'와 '니다'를 바탕으로 '님'이라는 말을 만들어 쓴 것은 신라시대에 '님금'을 '니사금(이사금)'으로 부른 것에 잘 드러나 있다. 기록에 따르면, 신라 초기에 사람들이 임금을 니사금(泥師今/尼師今/尼斯今/泥斯今/尼叱今/齒叱今)으로 불렀다고 되어 있다. '泥/尼/齒'는 입안에 있는 '니'를 가리키는 말이고, '今'은 어떤 것의 바탕인 '금/감/가암'을 가리키는 말이다.

'님금'에서 '님'은 위쪽 니와 아래쪽 니가 함께해야 하는 것처럼 이쪽과 저쪽이 함께해야 하는 것을 가리키는 말이다. 이쪽과 저쪽이 님으로서 함께하게 되면, 이쪽이 내가 되면 저쪽이 님이 되고, 저쪽이 내가 되면 이쪽이 님이 된다. 나와 님은 하나의 우리로서 함께하는 일을 통해 나도 나답게 되고, 님도 님답게 된다. 이러니 나와 님은 언제나 함께하지 않을 수 없다.

내가 머리 위에 어떤 것을 니더라도, 내가 머리를 숙이면 어떤 것이 곧바로 아래로 떨어지기 때문에 나와 어떤 것은 함께할 수 없다. 그런데 내 입안에 있는 위쪽의 니와 아래쪽의 니는 처음부터 언제나 함께하도록 되어 있다. 내가 머리를 숙이거나 옆으로 눕히거나 아래로 뒤집어도, 위쪽의 니와 아래쪽의 니가 언제나 함께할 수 있다. 나는 머리를 숙이거나 옆으로 눕혀도, 니로 무엇을 물거나 뜯거나 씹거나 깨거나 부수는 일을 할 수 있다.

내가 위쪽과 아래쪽의 니를 갖고 있어도, 니가 스스로 어떤 일을 하는 것은 아니다. 위쪽과 아래쪽의 니가 만나서 물고 뜯고 씹고 깨고 부수는 일을 하도록 만드는 것은 니가 뿌리를 내리고 있는 '턱'이다. 턱이 빠지거나 없으면 니가 아무리 좋아도 어떠한 일도 일어나지 않는다. 그래서 사람들은 어떤 일을 할 수 없을 때 '턱이 없다' 또는 '턱도 없다'라고 말한다. 턱을 뜻대로 움직일 수 있어야만 니가 무엇을 물고 뜯고 씹고 깨고 부수는 일을 할 수 있음을 잘 알기 때문이다.

─── 임금님은 나라의 모든 이가 임으로 삼은 이

'님금(임금)'은 '나라님', 즉 '나라'의 우두머리가 되는 '님'을 말한다. 나라 안에 있는 모든 사람은 나라의 '님금'을 '님'으로 삼아서, 나를 나답게 만들고 님금을 님금답게 만들어서, 나라를 나라답게 만드는 일을 이룰 수 있다고 보았다. 이런 까닭에 사람들에게 '나'와 '님'과 '나라'와 '님금'은 무엇보다 중요하다.

'님금'이라는 말은 때가 흐르면서 뜻도 조금씩 바뀌어왔다. 신라 초기에는 님금을 '니'에 바탕을 둔 니사금(泥斯今)으로 부르다가, 17~18대 니사금에 이르면 '말'에 바탕을 둔 마립간(麻立干)으로 바꿔서 불렀다. 니사금은 입안의 위쪽과 아래쪽 '니'가 함께하는 것에서 비롯하는 말로서, 사람이 니로 무엇을 물었을 때 나타나는 금(갊/가앎)으로 '님금'에 오를 사람을 정한 것을 뜻하는 반면에, 마립간은 무엇의 부피를 헤아릴 때 크기가 가장 큰 '말'처럼 사람들 가운데 가장 크고 높은 사람을 뜻하는 말이면서, 그런 사람이 땅에 '말'을 박아놓고서 제가 다스리는 곳임을 나타내는 말이라고 할 수 있다. 그리고 나중에는 마립간을 중국에서 빌려온 '왕(王)'으로 바꿔서 쓰게 되었다. 이때부터 사람들은 나라의 우두머리를 왜 왕으로 불러야 하는지도 잘 알지 못하는 상태에서, 그냥 왕이라고 부르는 데 익숙해졌다.

한편, 한국사람은 주인(主人), 주군(主君), 주체(主體)와 같은 한자 낱말에 나오는 '주(主)'를 '님 주'로 새겨왔다. 주인은 님자, 주군은 님금, 주체는 님자의 몸통을 말한다. 그런데 이때 '主'는 등잔에서 불이 타오르는 모습을 나타내는 글자이다. 등잔에서 타오르는 불이 한가운데에 자리하여 사방으로 빛을 비추는 것처럼, 주인(主人)과 주군(主君)과 주체(主體)에서 '주(主)'는 한가운데에 자리하여 사방으로 뜻을 이루는 것을 말한다.

'주(主)'를 '님 주'로 새기면 '주(主)'라는 글자에 기대서 '님'의 뜻을 알아볼 수 있다. 그런데 이렇게 하는 것이 맞으려면 '주(主)'와 '님'이 같은 바탕을 가지고 있어야 한다. 중국말의 '주(主)'와 한국말의 '님'이 바탕을 달리하는 말이라면, '님'의 뜻을 '주(主)'로 알아보는 것은 서로 맞지 않는 부분이 생겨나게 된다.

둘째 판

한국말로 사람살이 깊이 보기

01 사람은 삶의 살을 살려서 살아가네 - 사람·살다·살리다·살림·삶·살이·살기

02 밑이 아니라 위에 있으니 웃지요 - 웃다

03 내가 울면 같이 울 이가 우리 - 울다

04 어떤 일이 그렇게 된 까닭은 - 절로·닷으로·바람에

05 내가 살아가며 하는 모든 일의 의미는 - 까닭·위함·보람

06 꾸어야 하나, 깨어야 하나 - 꿈·꾸다

07 미쳐야 미친다 - 미치다

08 사랑, 그 무한대에 대하여 - 사랑·사랑하다

09 서로의 반쪽을 만나면 일어나는 일들 - 반갑다·반하다·반기다

10 서로 갈라지면 일어나는 일들 - 거루다·다투다·싸우다

11 행복하세요, 고맙습니다, 덕분입니다 - 행(幸)·복(福)·은(恩)·덕(德)·약(藥)

01

사람은 삶의 살을 살려서 살아가네
— 사람·살다·살리다·살림·삶·살이·살기

'살다', '살리다', '사람', '살'은 바탕을 같이하는 말이다. '살다'라는 말에서 '살리다'라는 말이 생겨나고, '살리다'라는 말에서 '사람'이라는 말이 생겨났다. 이를 바탕으로 사람들은 '삶', '살이', '살기', '살림', '살림살이'와 같은 말을 쓰게 되었다.

그리고 '살다'와 '살리다'를 뒷받침하는 기틀로서 '살'이 자리하고 있다. '살'은 햇살, 빛살, 물살, 화살 등에서 볼 수 있는 '살'로, 어떤 것이 사방으로 뻗어나가는 것을 가리키는 말이다. '살다'와 '살리다'는 무엇에서 '살'이 뻗어나가는 일을 바탕으로 무엇이 어떤 것으로 살아가는 일을 뜻한다. 그 바탕과 까닭을 하나하나 살펴보면 다음과 같다.

──── **목숨도 살고, 불씨도 살고**

'살다'는 두 가지를 풀어내는 말이다. 하나는 목숨을 가진 무엇이 살아가는 것, 다른 하나는 불이나 불씨가 살아 있는 것이다.

먼저, 목숨을 가진 무엇이 살아가는 일을 일컫는 '살다'는 크게 세 가지로 나누어볼 수 있다. 첫째, 목숨을 가진 무엇이 어떤 곳에서 살아가는 일을 일컫는 '살다'로, '~에 살다'의 꼴로 쓰인다("그는 가족과 떨어져서 혼자 외딴섬에 산다"). 둘째, 목숨을 가진 무엇이 어떤 때를 살아가는 일을 일컫는 '살다'로, '~를 살다'의 꼴로 쓰인다("그는 여든 해를 살았다"). 목숨을 가진 무엇이 어떤 곳에 자리해서 어떤 때를 살아가는 것을 '누리다'라고도 한다("그는 여든 해를 누리는 삶을 살았다"). 셋째, 목숨을 가진 무엇이 어떤 곳에서 어떤 때를 누리며 어떻게 살아가는 일을 일컫는 '살다'로, '~게 살다'의 꼴로 쓰인다("그는 어린 시절에 매우 힘들게 살았다").

다음으로, 불이 사르는 일을 바탕으로 불이나 불씨가 살아 있는 것을 일컫는 '살다'가 있다("불길이 마을로 번지는 것은 막았지만, 그 산의 불씨는 아직 살아 있었다").

──── 살아가는 일의 흐름, 보람, 모습

사람들은 무엇이 '사는 일=살아오고 살아가는 일'을 바탕으로 '삶', '살이', '살기'를 말한다. '삶'은 목숨을 가진 무엇이 살아가는 일의 흐름과 보람을 일컫고("그만하면 그는 괜찮은 삶을 살았다"), '~살이'는 목숨을 가진 무엇이 살아가는 일의 모습을 일컫고("그는 몇 년간 친척 집에서 더부살이를 해야 했다"), '살기'는 목숨을 가진 무엇이 살아가는 일의 보람을 일컫는다("그는 다만 평화롭게 살기를 바랐다").

─── 목숨도 살리고, 온갖 것도 살려 쓰고

'살리다(살+리+다)'는 크게 두 가지로 나눌 수 있다. 하나는 누가 어떤 것으로써 무엇을 살리는 것이고, 다른 하나는 누가 어떤 것이 가진 살리는 힘을 살려 쓰려고 어떤 것으로써 무엇을 짓거나 만드는 일 등을 하는 것이다.

먼저, 누가 어떤 것으로써 무엇을 살리는 것을 일컫는 '살리다'는 제가 저를 살리는 일과, 제가 남을 살리는 일로 나눌 수 있다. 목숨을 가진 모든 것은 무슨 수를 써서든 제가 저를 살리는 일을 바탕으로 살아간다. 제가 저를 살리는 일은 너무나 마땅한 일이므로, 특별한 경우가 아니면 굳이 살린다는 표현을 쓰지 않는다("그는 얼음구덩이에 빠진 자신의 몸뚱이를 온 힘을 다해서 간신히 살렸다"). 그런데 사람은 때로 남을 살리는 일을 하고자 한다. 남을 살리는 일은 제가 저를 넘어서는 특별한 일이기에, 사람들은 남을 살리는 일을 대단하게 여긴다("그는 위험을 무릅쓰고 얼음구덩이에 빠진 친구를 온 힘을 다해서 살려냈다").

다음으로, 누가 어떤 것이 가진 살리는 힘을 살려 쓰려고 무엇을 짓거나 만드는 일 등을 벌이는 것을 일컫는 '살리다'도 있다. "한국사람은 콩이 가진 살리는 힘을 살려 쓰려고 오래전부터 콩을 쑤어서 두부를 만들었다", "사람들은 소리가 가진 살리는 힘을 살려 쓰려고 소리로 뜻을 주고받는 말을 만들었다"와 같은 경우이다. 이처럼 누가 어떤 것이 가진 살리는 힘을 살려 쓰려고 어떤 것을 가지고 무엇을 짓거나 만드는 일을 벌이려면, 첫째, 어떤 것이 가진 살리는 힘, 둘째, 그 힘을 살려 쓰는 방법, 셋째, 그 힘을 살려 쓸 수 있도록 어떤 일을 벌이는 것 등을 잘 알고 이룰 수 있어야 한다. 사람은 말로 생각을 펼쳐서 온갖 것을 깊고 넓게 알아볼 수 있는 까닭에, 이런 일을 크게 벌일 수 있다.

─── 살리며 살아가는 것이 사람

'사람'의 옛말은 '사룸'이고, '살리다'의 옛말은 '사루다'이다. '사룸(사람)'은 '사루는(살리는) 일을 바탕으로 살아가는 일을 하는 임자'를 뜻한다.

사람은 온갖 것이 가진 살리는 힘을 살려 쓰기 위해 갖가지 것을 짓거나 만드는 일을 벌이며 살아간다. 콩이 가진 힘을 살려서 두부를 만들고, 쇠가 가진 힘을 살려서 자동차를 만들고, 소리가 가진 힘을 살려서 말을 만들어 가지고 살아가는 일에 쓴다. 이처럼 사람은 온갖 것이 가진 살리는 힘을 살려서 문화를 가꾸고 문명을 일구는 일을 해왔다.

사람은 목숨이 끊어질 때까지 끊임없이 살아가는 일을 한다. 한국사람은 사람이 살아가는 일을 하는 것을 크게 두 가지로 말한다. 하나는 '~고 산다', 다른 하나는 '~면서 산다'이다.

먼저, '~고 산다'는 살아가는 온갖 일을 대표하는 말이다. 사람들에게 어떻게 사느냐고 물으면 '~고 산다'라고 말한다. 사람은 숨을 쉬어야 살고, 밥을 먹어야 산다. 그래서 "숨 좀 쉬자", "숨 좀 쉬고 살자", "밥 좀 먹자", "밥 좀 먹고 살자"라고 말한다.

다음으로, '~면서 산다'는 사람이 살아가면서 벌이는 온갖 일을 담아내는 말이다. 이를테면 "그녀는 좋아하는 일을 하면서 산다", "나는 한동안 마냥 먹고 놀면서 살았다", "그는 평생 부지런을 떨면서 살았다"와 같이 말한다.

─── 살을 살려서 살아 있게 하라

'살다'와 '살리다'에서 볼 수 있는 '살'은 어떤 일이 일어나는 것, 또는 어떤 일을 벌이는 것을 가리키는 말로 빛살, 햇살, 물살, 화살 등에서 볼 수 있는 '살'과 바탕을 같이한다. '살다'와 '살리다'에서 '살'이 무엇을 뜻하는지 알아보려면, 예컨대 "불이 살아 있다", "그는 불을 살렸다"라고 할 때 불이 살아 있는 것과 불을 살리는 것이 어떤 것인지 살펴보아야 한다.

불에서 불빛이 나는 것을 보고 "불이 살아 있다", 불에서 불빛이 나게 하는 것을 두고 "불을 살린다"라고 한다. 이때 불에서 나는 불빛은 불이 살아 있음을 가름하는 잣대로 구실한다.

불에서 나는 불빛을 알아볼 수 있는 것은 불이 빛의 살을 이루어서 사방으로 뻗어가기 때문이다. 사람은 불이 사방으로 뻗어가는 빛의 살을 보고 "불빛이 난다"라고 말한다. 불이 빛의 살을 이루어서 사방으로 뻗어가면 불이 살아 있는 것이고, 불이 빛의 살을 이루어서 사방으로 뻗어가게 하는 것은 불을 살리는 것이다. "불이 살아 있다"와 "불을 살리다"에서 '불'과 '불빛'과 '빛살'은 하나로 꿰어 있다.

목숨을 가진 것이 살아가는 것은 살고자 하는 뜻이 삶의 살을 이루어서 사방으로 뻗어가기 때문이다. 그들은 삶의 살을 사방으로 뻗쳐서 살아가는 데 필요한 갖가지 일을 해낸다. 그들은 살고자 하는 뜻을 좇아서 가질 것은 가지고, 버릴 것은 버려서 삶을 이어간다. 그들이 삶의 살을 뻗칠 수 있으면 '살아 있다'라고 말하고, 삶의 살을 뻗칠 수 있게 만드는 것을 '살린다'라고 말한다. 살아가는 일은 삶의 살이 뻗어나고, 삶의 살을 뻗어나게 만드는 일로 이루어진다.

02
밑이 아니라 위에 있으니 웃지요
— 웃다

웃는 것은 내 목청을 떨어서 내는 소리를 밖으로 톡톡 튕겨내는 것이다. '하하', '허허', '호호'와 같은 웃음소리는 모두 낱낱으로 잘려서 톡톡 튕겨나간다. 이를테면 어떤 일을 겪는 과정에서 나에 대한 기분이 좋아졌을 때, 나는 웃음으로써 내가 나에 대해 갖는 좋은 기분을 밖으로 튕겨낸다. 사람들은 내가 웃는 모습을 보고 나의 기분이 어떠한지 알아볼 수 있다.

어떤 일을 겪는 과정에서 나에 대한 기분이 좋아지려면, 내가 일의 밑에서 일에 끌려가는 것이 아니라, 일의 위에서 일을 헤아려가야 한다. '웃다=우+ㅅ+다'로, 내가 어떤 일의 위(우)에서 일을 헤아려가는 데서 생겨나는 느긋함, 넉넉함, 편안함 등에서 빚어지는 소리이다.

나에 대해 갖는 좋은 기분을 웃음으로 튕겨내면 속이 후련해지고 시원해지는 것을 느끼면서 느긋함, 만만함, 편안함에 젖는다.

나는 좋은 기분을 웃음으로 튕겨냄으로써 내가 나를 사랑하고 믿을 수 있는 힘을 키우게 된다. 이러니 나는 웃을 수 있는 일을 만나면 좋아하고 기뻐한다. 그리고 이런 웃음을 남과 함께함으로써, 남까지 저를 사랑하고 믿을 수 있는 힘을 키우게 해준다.

웃음은 내가 나에 대해 갖는 좋은 기분에 따라 달라진다. 나에 대해 그냥 좋아하는 기분에 놓여 있을 때는 크게 터뜨리는 웃음을 웃는 반면에, 나에 대해 좋아하는 기분과 그렇지 않은 기분이 함께할 때는 어설프게 삐져나오는 웃음을 웃는다. 이를테면 함박웃음이나 너털웃음은 크게 터뜨리는 웃음이고, 쓴웃음이나 비웃음, 코웃음은 어설프게 삐져나오는 웃음이다.

─── 나는 무엇으로 말미암아 웃게 되는가

내가 어떤 일을 겪는 과정에서 나에 대한 기분이 좋아져서 웃게 되는 것은 크게 두 가지가 있다. 하나는 나에게서 비롯하는 어떤 일로 말미암아, 다른 하나는 남에게서 비롯하는 어떤 일로 말미암아 웃게 되는 것이다.

먼저, 내가 나에게서 비롯하는 어떤 일로 말미암아 웃게 되는 경우는 세 가지로 나눠볼 수 있다.

첫째, 내가 어떤 일을 하는 것을 가지고 기분이 좋아져서 웃는 것이다. 이런 경우에 나는 내가 하는 수많은 일을 웃음의 재료로 삼을 수 있다. 이를테면 나는 숨을 쉴 수 있다는 것, 먹을 수 있다는 것, 잠을 잘 수 있다는 것, 눈으로 볼 수 있다는 것까지 모두 웃음의 재료로 삼을 수 있다.

둘째, 내가 어떤 사람이 되는 것을 가지고 기분이 좋아져서 웃는 것이다. 이런 경우에 내가 어떤 사람이 되는 과정까지 웃음의 재료로 삼게 되면, 나는 어떤 사람이 되는 모든 과정을 웃음의 재료로 삼을 수 있다.

셋째, 내가 어떤 사람답게 되는 것을 가지고 기분이 좋아져서 웃는 것이다. 이런 경우에 내가 어떤 사람답게 되는 과정까지 웃음의 재료로 삼게 되면, 나는 어떤 사람답게 되는 모든 과정을 웃음의 재료로 삼을 수 있다.

다음으로, 내가 남에게서 비롯하는 어떤 일로 말미암아 웃게 되는 경우도 세 가지로 나눠볼 수 있다.

첫째, 내가 좋아하는 사람에게 좋은 일이 일어나는 것을 보고 기분이 좋아져서 웃는 것이다. 이런 경우에 나는 내가 좋아하는 사람이 잘되기를 바라는 마음에서, 그가 좋게 되는 것을 웃음의 재료로 삼게 된다.

둘째, 내가 싫어하는 사람에게 나쁜 일이 일어나는 것을 보고 기분이 좋아져서 웃는 것이다. 이런 경우에 나는 내가 싫어하는 사람이 잘못되기를 바라는 마음에서, 그가 나쁘게 되는 것을 웃음의 재료로 삼게 된다.

셋째, 내가 나를 웃기려는 사람이 하는 일로 말미암아 기분이 좋아져서 웃는 것이다. 이런 경우에 누가 나를 웃기는 일은 그가 나의 밑으로 내려가서, 나를 위로 받들어 올리는 방식으로 이루어진다. 따라서 나는 가만히 있어도 절로 위에 자리하기 때문에 그냥 기분이 좋아질 수 있다.

사람들은 웃음을 통해서 자기 자신에 대해 갖는 기분을 남에게 드러낸다. 남은 나의 웃음을 보고 내가 느긋해하는 모습, 편안해하는 모습, 당당해하는 모습, 즐거워하는 모습, 고소해하는 모습, 비꼬는 모습, 깔보는 모습 등을 알아본다. 그들은 이를 통해 나를 좋아할 수도, 싫어할 수도 있다. 이 때문에 사람들은 나와 남의 관계에 따라서 웃는 일을 달리하게 된다. 나와 남의 관계가 어려울수록 웃는 일에 더욱 조심한다. 사람들은 나와 남의 관계를 살펴서 웃음을 짓거나, 감추거나, 꾸미거나, 부풀린다.

나이가 들어가면 어떤 일을 겪으면서 웃는 것이 저마다 나름의 버릇으로 굳어진다. 어떤 사람은 자리를 가리지 않고 곧잘 웃는 반면에, 어떤 사람은 자리를 가려서 웃는다. 그리고 어떤 사람은 작은 일에도 잘 웃는 반면에, 어떤 사람은 대단한 일에도 잘 웃지 않는다.

사람들은 내가 나를 드러내는 웃음에서 비롯하는 마음의 느긋함, 넉넉함, 편안함 등을 바탕으로 삼아, 내가 나를 사랑하고 믿을 수 있는 힘을 키워갈 수 있다. 이런 까닭에 사람들이 행복해지려면 때마다 환하게, 즐겁게, 기쁘게, 무엇보다 더불어 함께 웃을 수 있는 사람이 되어야 한다.

03

내가 울면 같이 울 이가 우리
— 울다

우는 것은 내가 목청을 떨어서 내는 소리를 밖으로 울려 퍼지게 하는 것이다. 내가 소리 내어 우는 것은 나와 울음을 함께해줄 수 있는 이들을 만나고 싶어 하기 때문이다. 갓난아기는 우는 것을 보거나 배운 적이 없지만 때가 되면 절로 운다. 사람뿐만 아니라 많은 동물이 울음을 통해 만나고 싶어 하는 뜻을 주고받는다.

내가 소리 내어 우는 것은 내가 어디에 자리하고 있는지 남에게 드러내는 일이기도 하다. 이런 까닭에 똑같이 소리 내어 울더라도 제가 안전하다고 느끼면 큰 소리로 울고, 그렇지 않으면 작은 소리로 운다. 새들이 큰 소리로 우는 것은 높은 곳에 안전하게 자리를 잡고 있다고 느끼기 때문이다. 마찬가지로 아기들이 큰 소리로 우는 것은 사람들이 이미 수만 년에 걸쳐서 삶의 터전을 안전하게 만들어왔기 때문이다.

나는 소리 내어 우는 일을 함으로써, 내가 울어야 하는 처지에 있음을 드러내어 알린다. 우는 소리는 나의 처지를 드러내고 싶어 하는 정도에 따라 달라진다. 이를테면 속으로 삼키며 울 수도 있고, 흐느끼며 울 수도 있고, 목 놓아 울 수도 있다.

나는 우는 일을 통해, 나의 울음이 울리는 이들과 더불어, 하나의 '우리(울+이)'를 만들어간다. 사람들은 나의 울음이 남에게 저의 울음으로 옮아갈 수 있을 때 '우리'라 하고, 나의 울음이 남에게 저의 울음으로 옮아갈 수 없을 때 '남남'이라 하고, 나의 울음이 남에게 저의 기쁨으로 바뀔 때 '적'이라 한다.

─── 나는 무엇으로 말미암아 울게 되는가

나는 나의 마음에 걸려서 나를 힘들게 하는 어떤 일로 말미암아 울게 된다. 눈앞에서 벌어지는 어떤 일로 말미암아 울 수도 있고, 이미 지나간 어떤 일로 말미암아 울 수도 있고, 앞으로 다가올 어떤 일로 말미암아 울 수도 있다.

내가 어떤 일로 말미암아 울게 되는 까닭은 여러 가지가 있다.

첫째, 싫어하는 상태를 벗어나고 싶은데 그러지 못해서 그냥 울 수 있다.

둘째, 싫어하는 상태를 벗어나고 싶은데 그러지 못해서 도움을 청하고 싶은 누군가를 생각하며 울 수 있다.

셋째, 좋아하는 상태에 이르고 싶은데 그러지 못해서 그냥 울 수 있다.

넷째, 좋아하는 상태에 이르고 싶은데 그러지 못해서 도움을 청하고 싶은 누군가를 생각하며 울 수 있다.

다섯째, 어떤 대상을 만나서 함께하고 싶은데 그러지 못해서 그 대상을 생각하며 울 수 있다.

사람들은 목청을 떨어서 우는 소리를 내는 것을 바탕으로, 여러 가지 소리를 만들어낼 수 있는 힘을 키움으로써, 말을 만들고 배우고 쓰는 일을 할 수 있게 되었다. 말로써 생각을 펼칠 수 있게 되자, 갖가지 것들에 대한 온갖 생각을 끊임없이 주고받을 수 있게 되었다.

사람들에게 말은 어떤 것을 느끼고, 알고, 바라고, 이루는 일을 하는 잣대이다. 사람들은 말이라는 잣대에 기대어, 누구나 함께 할 수 있는 지식과 기술을 만들고, 쌓고, 이어왔다. 이를 통해 하나의 '우리'로서 함께 어울려 살아가는 일을 더욱 깊고 넓게 할 수 있었다.

사람들이 '우리'라고 여기는 것과, '우리'가 함께 만들고 배우고 쓰는 말과, '우리'가 생각을 펼쳐서 이룩해놓은 온갖 지식과 기술은 저마다의 마음속에 '그것'으로서 자리하고 있다. 사람들은 저마다의 마음속에 '그것'으로서 자리하고 있는 '우리의 것'을 바탕으로 삼아, 함께 어울려 살아간다.

한국사람은 '우리'가 함께 어울려 살아가는 일의 줏대를 '그위'라고 불렀다. 이 책의 첫째 판 제6장(41~43쪽)에서 살펴보았듯이

'그위(그+우+이)'는 '그 위에 있는 것'을 말한다. 이때 '그'는 저마다의 마음속에 자리하고 있는 그것, '우'는 저마다의 마음속에 자리한 그것이 모두의 '위'에 자리하고 있는 것, '이'는 모두의 위에 자리하고 있는 그것이 하나의 줏대로 바로 서 있는 것을 말한다.

이를 종합하면 목청을 떨어서 우는 일에서 '울음'이 나오고, '울음'을 함께하는 일에서 '우리'가 나오고, '우리'로서 함께하는 일에서 '그위'가 나와서, '그위'의 아래에 자리한 낱낱의 '아름'이 모두 '아름다움'으로 나아가는 길을 열어보고자 한 것을 알 수 있다.

04

어떤 일이 그렇게 된 까닭은
— 절로·탓으로·바람에

한국사람은 어떤 일이 일어나서 이러저러하게 흘러가는 것을 두고 원인, 결과, 인과, 연기(緣起), 필연, 우연 등을 말한다. 그런데 이러한 말의 뜻을 물어보면, 알기는 아는데 또렷이 풀어서 말하지 못하고 대충 얼버무리고 만다. 한자 낱말의 뜻을 새겨서 풀어내는 바탕 낱말의 말뜻에 매우 어둡기 때문이다.

어떤 일이든 일어나면 곧바로 사라지면서, 이미 그렇게 된 것으로 자리하게 된다. 사람들은 이미 그렇게 된 것으로 자리한 일을 바탕으로 삼아, 그렇게 된 것에 대해 느끼고, 알고, 바라고, 이루는 일을 한다.

어떤 일이 일어나서 이미 그렇게 되는 것에는 크게 세 가지가 있다. 첫째는 '절로', 둘째는 '탓으로', 셋째는 '바람에' 그렇게 되는 것이다. 하나씩 살펴보면 다음과 같다.

───── **안에서 비롯되면 '절로' 그렇게 되고**

한국사람은 안에서 비롯하는 것으로 말미암아 어떤 일이 안으로부터 일어나는 것을 '절로'라고 말한다. 어떤 일이 '절로' 일어나서 그렇게 되는 것을 '발현(發現)'이라고 말할 수 있다.

안에서 비롯하는 것으로 말미암아 어떤 일이 '절로' 일어나서 그렇게 되는 것에는 두 가지가 있다. 하나는 어떤 일이 내 안에서 절로 일어나서 내가 절로 그렇게 되는 것이고, 다른 하나는 어떤 일이 남 안에서 절로 일어나서 남이 절로 그렇게 되는 것이다.

───── **밖에서 비롯되면 '탓으로' 그렇게 되고**

한국사람은 안에서 비롯하는 것으로 말미암아 어떤 일이 밖에서 벌어지는 것을 '탓으로'라고 말한다. 어떤 일이 '탓으로' 벌어져서 그렇게 되는 것을 '발생(發生)'이라고 말할 수 있다.

안에서 비롯하는 것으로 말미암아 어떤 일이 '탓으로' 벌어져서 그렇게 되는 것에는 두 가지가 있다. 하나는 어떤 일이 나의 탓으로 벌어져서 나와 남이 탓으로 말미암아 그렇게 되는 것이고, 다른 하나는 어떤 일이 남의 탓으로 벌어져서 나와 남이 탓으로 말미암아 그렇게 되는 것이다.

───── **때로는 '바람에' 실려서 그렇게 되고**

한국사람은 어떤 일이 일어나는 것으로 말미암아 다른 일이 일어나는 것을 '바람에'라고 말한다. 이를테면 "비가 많이 오는 바람에 강물이 크게 불었다"에서 '바람에'는 비가 오는 일로 말미암아 강물이 불어나는 일이 일어나게 된 것을 말한다. 이러한 '바람에'는 어떤 일과 다른 일을 원인과 결과로 이어준다. 세상에서 볼 수 있는 모든 것은 갖가지 '바람에' 실려서 모두 그렇게 된 것이다.

바람에 실려서 그렇게 되는 것에는 두 가지가 있다. 하나는 어떤 일이 절로 또는 탓으로 일어나서 '반드시' 그렇게 되는 것이다. 사람들은 이처럼 반드시 그렇게 되는 것을 '필연(必然)'이라고 말한다. 다른 하나는 어떤 일이 절로 또는 탓으로 일어나서 '뜻밖에' 그렇게 되는 것이다. 사람들은 이처럼 뜻밖에 그렇게 되는 것을 '우연(偶然)'이라고 말한다.

한국사람이 말하는 '절로', '탓으로', '바람에'는 일이 일어나거나 벌어져서 그렇게 되는 것을 풀어내는 말이다. 사람들은 '절로', '탓으로', '바람에' 일어나는 일을 '반드시 그렇게 되는 것'과 '뜻밖에 그렇게 되는 것'으로 나눔으로써, 뜻을 내거나 뜻을 두는 임자인 '나'나 '남'의 잣대와 줏대를 뚜렷하게 내세울 수 있다.

05
내가 살아가며 하는 모든 일의 의미는
— 까닭·위함·보람

누리의 모든 것은 늘 함께 어울려서 끊임없이 어떤 일이 일어나고 있다. 이런 까닭에 내가 누리에서 살아가는 일 또한 끊임없이 어떤 일을 하는 것으로써 이루어진다. 나는 죽음에 이를 때까지, 갖가지 일들에서 비롯하는 즐거움과 괴로움에 끊임없이 부대끼며 살아가게 된다.

나는 살아가면서 즐거움을 늘리고 괴로움은 줄이려고 갖가지로 일을 벌인다. 그러한 일은 크게 세 가지로 이루어진다. 첫째는 내가 어떤 일을 하게 되는 '까닭'이고, 둘째는 내가 어떤 일을 해서 이루고자 하는 '위함'이고, 셋째는 내가 어떤 일을 이루어가는 '보람'이다.

어떤 일을 하게 되는 '까닭'과 '위함'과 '보람'이 무엇인지 알려면 하는 일의 짜임새를 살펴보아야 한다. 예를 들어 "나는 배가 고픈 바람에, 배고픔을 달래기 위해서, 라면을 먹었다"의 짜임새를 살펴보자. 이 문장은 나에게 일어나는 세 가지 일을 하나로 엮어놓은 것이다. '내가 배가 고픈 일'과 '내가 배고픔을 달래는 일'과 '내가 라면을 먹는 일'이 그것이다.

'배가 고픈 바람에'는 어떤 일을 하게 되는 '까닭'이 무엇인지 드러내는 말이다. 나는 배가 고픈 일이 일어나는 것을 까닭으로 삼아서, 어떤 일을 벌이는 것으로 나아가게 된다. 다음으로 '배고픔을 달래기 위해서'는 어떤 일을 해서 이루고자 하는 '위함'이 무엇인지 드러내는 말이다. 나는 배가 고픈 것을 괴롭게 여겨서 싫어하는 까닭에, 그 상태에서 벗어나기 위해 배고픔을 달래는 데 필요한 어떤 일을 하려고 한다. 끝으로 '라면을 먹었다'는 어떤 일을 이루어가는 '보람'이 무엇인지 드러내는 말이다. 나는 라면을 먹는 일을 함으로써, 배고픔을 달래는 '위함'을 이루어서, '보람'을 갖고자 한다.

내가 라면을 먹는 일을 했을 때 배고픔을 달래고자 하는 '위함'이 이루어지면, 내가 라면을 먹은 일이 '보람'을 가질 수 있다. 반대로 내가 라면을 먹는 일을 했는데도 배고픔을 달래고자 하는 '위함'이 이루어지지 못하면, 내가 라면을 먹은 일이 '보람'을 가질 수 없다. 사람들이 '보람이 있다' 또는 '보람이 없다'라고 말하는 것은 어떤 일을 함으로써 위하고자 하는 일을 이루느냐 아니냐에 달려 있다.

─── 애써 벌인 일이 헛일이 되지 않으려면

어떤 것에서 보람을 갖는 것은 어떤 일을 벌이는 데 바탕을 두고 있으므로, 어떤 일도 벌이지 않으면 어떠한 보람도 가질 수 없다. 그런데 일을 벌인다고 해서 보람이 그냥 따라오지는 않는다. 보람을 가지려면 그 일을 제대로 해내야 한다. 이를테면 라면을 먹는 것조차도 제대로 해냈을 때 비로소 보람을 가질 수 있다.

하지만 어떤 일을 제대로 했는데도 보람을 가질 수 없는 경우도 있다. 이는 내가 보람을 갖고자 한 일과 내가 위하고자 하는 일이 서로 맞지 않았기 때문이다. 이를테면 배고픔을 달래기 위해 라면을 먹는 일을 제대로 했는데도 배고픔을 달래는 일이 이루어지지 못하면 라면을 먹는 일에서 보람을 가질 수 없다. 이는 라면을 먹는 일이 배고픔을 달래기 위해서 해야 하는 일과 서로 맞지 않았기 때문이다.

또한 어떤 일을 제대로 함으로써 위하고자 하는 일이 보람을 가질 수 있어도, 결과적으로 그것을 보람으로 가질 수 없는 경우도 있다. 이렇게 되는 경우는 크게 두 가지이다.

첫째, 어떤 일을 하게 되는 '까닭'을 잘못 알고 있는 상태에서 '위함'과 '보람'을 멋대로 설정하여 어떤 일을 하는 경우이다. 이를테면 "나는 그가 범인이라고 생각한 까닭에, 그를 경찰에 신고하기 위해 112로 전화를 걸어서 잡혀가게 했다"라고 할 때, 내가 그를 범인이라고 생각한 것이 틀렸을 수 있다. 이렇게 되면 내가 그를 경찰에 신고하기 위해 112로 전화를 걸어서 그가 잡혀 가는 일이 제대로 이루어졌다고 하더라도, 이는 '까닭'과 '위함'이 잘못된 탓에 '보람'을 가질 수 없는 헛된 일이 되고 만다.

둘째, 어떤 일을 하게 되는 '까닭'을 어설프게 아는 상태에서 '위함'과 '보람'을 멋대로 설정하여 어떤 일을 하는 경우이다.

이를테면 "나는 배가 아픈 까닭에, 아픈 배를 낫게 하기 위해 소화제를 먹었다"라고 할 때, 아픈 배를 낫게 하기 위해 어떤 일을 하는 것은 맞는 일이다. 그러나 배가 아픈 까닭을 어설프게 알면 배를 낫게 하는 일도 어설프게 하게 된다. 신장에 염증이 생겨서 배가 아플 수도 있는데, 소화가 잘 안 돼서 배가 아프다고 생각하여 소화제를 먹는 일을 할 수 있다. 이때는 '까닭'과 '위함'이 어설프기 때문에 '보람'이 적거나 없는 일이 벌어지고 만다.

결국 내가 어떤 일을 제대로 함으로써 바라는 바의 보람을 갖기 위해서는 어떤 일을 하게 되는 '까닭'과 '위함'과 '보람'을 밝게 알고 있어야 하고, 그것을 이루는 데 필요한 '일'을 야무지게 해낼 수 있어야 한다. 그러지 않으면 아무리 힘을 쏟더라도 헛일로 끝맺을 수 있다.

06

꾸어야 하나, 깨어야 하나
— 꿈·꾸다

한국말에서 꿈은 '꾸는 것'으로 '꾸다', '꾸미다'와 바탕을 같이한다. 꿈은 소나 사람처럼 마음을 가진 것이, 마음 안에 자리한 갖가지 것으로부터 무엇을 꾸어다가, 어떠한 것으로 꾸며내는 일을 말한다.

'꾸다'는 사람들이 가져야 할 필요를 느껴서, 갖고자 하는 무엇을 남으로부터 얻거나 받아서 가지는 것을 말한다. 이를테면 쌀을 가져야 할 필요를 느껴서, 쌀을 갖고자 하는 경우에, 남에게 쌀을 꾸어서 쌀을 가질 수 있다.

꿀벌은 꽃에서 꽃가루를 꾸어서, 꿀을 만들어 살아간다. 이때 꿀은 '꾸+ㄹ(을)'로, 벌이 꽃에서 꾸어서 만든 것을 일컫는 말이다. 사람들은 벌이 꾸어서 만든 꿀을 다시 꾸어서, 꿀물이나 꿀떡과 같은 것을 만드는 가암(감)으로 쓴다.

꿈은 '꾸+ㅁ(음)'으로, 사람들이 가져야 할 필요를 느껴서 갖고자 하는 것을, 마음 안에 자리한 온갖 것으로부터 꾸어오는 것을 가리키는 말이다. 사람들은 마음 안에 자리한 온갖 것에서 꾸어 온 것을 가지고, 제가 바라거나 이루고자 하는 바에 따라 이리저리 묶고 엮고 펼쳐서, 어떠한 것으로 꾸며낸다. 한마디로 이것저것에서 꾸어온 것을 이리저리 꾸며내는 일이 꿈이라고 할 수 있다. 이때 '꾸미다'는 '꿈+이+다', 즉 사람들이 꾸어온 것으로써 꿈이 되게 만드는 일의 과정을 말한다. 꿈은 언제나 요리조리 꾸미는 일로써 이루어진다.

사람들은 쌀, 돈, 글, 옷감, 땔감 같은 것을 꾸어서 가질 수 있다. 그런데 이는 언제나 일어날 수 있는 일이 아니다. 무언가를 꾸고 싶어도 뀌어줄 임자가 있어야 하고, 뀌어줄 물건이 있어야 꿀 수 있다. 반면에 내가 마음 안에 있는 것을 꾸어서 가지는 일은 뜻만 있으면 언제나 일어날 수 있다. 이런 까닭에 사람들은 마음 안에서 일어나는 꾸는 일을 '꿈'으로 일컫게 되었다.

자면서도 꾸고, 깨어서도 꾸네

꿈은 사람들이 마음 안에 있는 것을 바탕으로 삼아 꾸어서 꾸미는 일이기 때문에, 제가 생각할 수 있는 것이면 무엇이든 꾸어올 수 있고, 꾸며낼 수 있다. 꿈에는 제가 갖고자 하는 것, 바라고자 하는 것, 이루고자 하는 것 등이 이리저리 얽히고설켜 있다.

사람들은 소나 고래와 달리 말로 생각을 펼쳐서 꿈을 꾸기 때문에, 말로 생각할 수 있는 것이면 무엇이든 꿈으로 꿀 수 있다. 이런 까닭에 꿈은 생각에 실려서 이리저리 끝없이 뻗어나갈 수 있으며, 꿈을 좇아서 천국이나 지옥을 볼 수도 있다. 그런데 어떤 사람들은 꿈에서나 볼 수 있는 천국이나 지옥을 바깥의 세상으로 끌고 나와, 그것이 정말로 있는 것처럼 이야기를 펼친다. 이때부터 사람들은 바깥의 세상에 있는 것과 안쪽의 마음에 있는 것을 하나로 아우르고 어울러서 살아가게 된다. 이로 인해 마음 안에서 생겨난 꿈이 마음 밖에 자리한 세상을 이리저리 바꾸어나가는 일이 벌어지게 된다.

꿈은 마음 안에서 생겨나고 사라지는 것이어서 자유롭고, 새로울 수 있다. 꿈에서 맛보는 자유로움과 새로움은 즐거움이 되기도 하고, 괴로움이 되기도 한다. 이 때문에 꿈에 실려서 즐거워할 때도 있고, 꿈에 눌려서 괴로워할 때도 있다.

사람들은 잠을 잘 때만 무엇을 꾸어서 어떠한 것으로 꾸미는 것이 아니라, 잠을 자지 않을 때도 무엇을 꾸어서 어떠한 것으로 꾸미는 일을 한다. 자면서 꾸는 꿈은 그냥 꿈이라 하고, 깨어서 꾸는 꿈은 바람, 소망, 희망, 염원, 계획 등으로 말한다. 이처럼 밤낮으로 꿈을 꾸다 보니 "사람은 꿈을 먹고 산다"라고들 한다. 그러나 꿈은 마음 안에서 제멋대로 생겨나 제멋대로 사라지는 것이기에, 꿈에서 깨어나 바깥의 세상을 또렷이 마주할 필요가 있다.

07

미쳐야 미친다
— 미치다

'미치다'는 사람이 무엇 때문에 정신을 차리지 못하는 상태에 이른 것을 나타내는 말이다. 사람이 살아가는 일을 제대로 하려면 정신을 차려서 마주하는 온갖 것을 두루 살펴서 걸맞고 알맞게 다스릴 수 있어야 한다. 그런데 미친 사람은 무엇에 지나치게 이끌리는 까닭에 정신을 차릴 수 없게 되어서, 여러 가지 것을 두루 살펴서 걸맞고 알맞게 하는 일을 할 수가 없다.

사람이 정신을 차리지 못해서 미치게 되는 경우는 크게 네 가지가 있다.

첫째, 무엇에 지나치게 이끌린 나머지 눈에 오직 그것만 보여서 정신을 차릴 수 없게 되는 경우이다. "그는 노름/운동/주식/여자에 미쳤다"라고 말할 때, 그는 '노름/운동/주식/여자'에 깊이 빠져서 눈에 오직 그것밖에 보이지 않기 때문에, 정신을 차려서 다른 것을 두루 살피는 일을 할 수가 없다. 그가 미쳐 있는 상태를 벗어나려면 눈앞에 있는 지나치게 이끌리는 무엇을 내려놓고, 여러 가지 것을 두루 살펴서 나에게 걸맞고 알맞게 할 수 있는 힘을 길러야 한다.

둘째, 무엇에 지나치게 이끌렸던 나머지 그것을 잃어버려서 정신을 차릴 수 없게 되는 경우이다. "그가 하나밖에 없는 아들을 잃고서 그만 미치고 말았다"라고 말할 때, 그는 지나치게 이끌렸던 하나밖에 없는 아들을 잃은 까닭에, 정신을 차려서 여러 가지 것을 두루 살피는 일을 할 수가 없다. 그가 미쳐 있는 상태를 벗어나려면 머릿속에 있는 지나치게 이끌리는 무엇을 내려놓고, 눈앞에 마주한 여러 가지 것을 두루 살펴서 나에게 걸맞고 알맞게 할 수 있는 힘을 길러야 한다.

셋째, 무슨 일에 지나치게 부대낀 나머지 정신을 차릴 수 없게 되는 경우이다. "나는 공부가 너무 싫어서/힘들어서/어려워서/지겨워서 미치겠다"라고 말할 때, 나는 공부에 지나치게 부대낀 나머지 정신을 차릴 수가 없어서 미칠 것 같은 상태이다. 그러나 실제로 미친 것은 아니다. 내가 미칠 것 같은 상태를 벗어나려면 지나치게 부대끼는 일을 줄이거나 그만둘 수 있는 힘을 길러야 한다.

넷째, 무슨 일로 지나치게 즐거워서 정신을 차릴 수 없게 되는 경우이다. "나는 게임이 너무 좋아서/즐거워서/흥분돼서 미치겠다"라고 말할 때, 나는 게임을 하는 일이 지나치게 즐거운 나머지 정신을 차릴 수가 없어서 미칠 것 같은 상태이다. 그러나 실제로 미친 것은 아니다. 내가 미칠 것 같은 상태를 벗어나려면 지나치게 즐거워하는 일을 줄이거나 그만둘 수 있는 힘을 길러야 한다.

─── '광(狂)'의 소나타

정신을 차릴 수 없는 상태가 깊어지면 본성을 잃어버리는 상태에 이르게 된다. 사람들은 본성을 잃어버린 상태를 '실성(失性)했다'라고 말한다. 잠깐 실성한 사람을 '정신이 나간 사람'이라 말하고, 아주 실성한 사람을 '정신이 돌아버린 사람'이라 말한다.

한국사람은 한자 낱말 '광(狂)'을 '미칠 광'으로 새겨서 '광기(狂氣)', '광풍(狂風)', '광인(狂人)', '광팬(狂fan)', '광분(狂奔)하다', '발광(發狂)하다', '광신(狂信)하다', '광적(狂的)이다' 등으로 말한다. 그런데 한자 낱말 '광(狂)'과 한국말 낱말 '미치다'는 그 바탕에 차이가 있다.

'광(狂)'은 '미친개'에 바탕을 두고 있다. '狂'은 뜻을 나타내는 '犬(견)'과 소리를 나타내는 '王(왕)'으로 이루어진 낱말이다. 이때 미친개는 완전히 실성한 상태인 까닭에 살아가는 것이 모두 엉망이 되어 있다. '광(狂)'은 미친개에서 볼 수 있는 것들을 좇아서 '주인을 알아보지 못하는 것', '이리저리 떠돌아다니는 것', '그저 사납게 달려드는 것'과 같은 뜻을 갖는다. 사람들은 이런 뜻을 바탕으로 삼아서 '광(狂)'이 들어가는 여러 가지 낱말을 만들어 써왔다.

'미치다'는 '미친 사람'에 바탕을 두고 있다. '미치다=밑+히+ㅅ+다'로, 사람이 '밑/밑바탕(本)'으로 여기는 무엇이 되는 것을 뜻하는 말이다. 무엇이 '밑'으로 자리하면 사람은 그것을 바탕으로 느끼고, 알고, 바라고, 이루는 일을 꾀하게 된다. 사람은 밑이 되는 무엇에 꽂히는 일이 일어나면 오직 그것만 생각하는 미친 사람으로 바뀔 수 있다.

그런데 미친 사람은 실성하지 않은 사람과 실성한 사람을 모두 아우른다. 멀쩡한 사람도 좋아서 미치거나 싫어서 미칠 수 있다. '미치다'는 미친 사람에게서 볼 수 있는 것들을 좇아서 '깊숙이 빠져서 그것밖에 보이지 않는 것', '깊숙이 빠져서 그것을 벗어날 수 없는 것', '매우 크게 부대껴서 미칠 지경에 이른 것', '매우 크게 즐거워서 미칠 지경에 이른 것'과 같은 뜻을 갖는다. 사람들은 이런 뜻을 바탕으로 삼아서 '미치다'가 들어가는 여러 가지 낱말을 만들어 써왔다.

한편, "추사 김정희는 한국 미술사에 커다란 영향을 미쳤다"라고 말할 때의 '미치다'는 옛말이 '및이다'로, 앞서 살펴본 '미치다'와는 다른 말이다. '및이다'에서 '및'은 "우리나라가 초고령사회로 접어듦에 따라, 노인들의 삶의 질과 관련하여 가정 및 지역 사회의 역할이 점점 더 중요해질 전망이다"라고 할 때의 '및'과 뿌리를 같이한다.

어떤 것이 '및'으로 이어지면 '밑'에서 '밑'으로 내려가면서 절로 힘을 주고받게 된다. '및이다=미치다'는 '밑이 되어서 서로 힘을 주고받게 되는 것'을 뜻하는 말이다. 사람들은 한자 낱말 '급(及)'을 '미칠 급'으로 새겨서 '파급(波及)하다', '소급(遡及)하다', '막급(莫及)하다'와 같이 쓴다.

08

사랑, 그 무한대에 대하여
— 사랑·사랑하다

사람은 사랑이라는 이름으로 수많은 일을 벌인다. 사랑 때문에 웃기도 울기도 하고, 즐거워도 괴로워도 하고, 좋아하기도 싫어하기도 하고, 살리기도 죽이기도 한다. 사람이 함께 어울려 살아가는 일에서 사랑하는 일은 더없이 좋은 약이 되기도 하고, 더없이 무서운 독이 되기도 한다. 따라서 사랑이 무엇을 어떻게 하는 것인지 잘 모르는 상태에서 사랑이 모든 것인 양 떠드는 것은 사람을 수렁으로 몰아넣는 것과 크게 다르지 않다. 사랑하는 일이 바르게 이루어질 수 있어야 사랑이 제구실을 할 수 있다.

─── 사랑, 그리고 사랑한다는 일

사랑은 '살다', '사르다'에 바탕을 둔 말이다. 사랑은 이쪽과 저쪽이 '사르는 일'을 바탕으로 삼아, 이쪽과 저쪽이 하나의 우리를 이루어서 함께하고자 하는 것을 말한다.

사랑은 '일'이다. 사랑은 '일'로써 드러나는 어떤 것을 가리킨다. '일'로써 드러나는 모든 것에는 비롯함이 있고, 흘러감이 있고, 끝맺음이 있다.

사랑은 '사랑하는 일'이다. 사랑은 '사랑하는 일'로써 드러나기에 비롯함이 있고, 흘러감이 있고, 끝맺음이 있다.

사랑은 '나의 쪽'이 '다른 쪽'을 사랑하는 일이다. '나의 쪽'은 '다른 쪽'을 사랑하는 일을 한다. 사랑하는 일의 임자는 '나의 쪽'이다. 사랑하는 일의 임자인 '나의 쪽'에는 두 가지가 있다. 하나는 저마다 따로 하는 '나'이고, 다른 하나는 우리로 함께하는 '나'이다.

사랑은 내가 '누구를 위해서', 나의 쪽이 다른 쪽을 사랑하는 일이다. 나는 '누구를 위해서', 나의 쪽이 다른 쪽을 사랑하는 일을 한다. 이때 내가 '누구를 위하는 일'은 크게 네 가지 갈래가 있다.

첫째, '저를 위해서' 나의 쪽이 다른 쪽을 사랑할 수 있다. 이때 나는 '저'로 닫혀 있는 '나'이다. 둘째, '저들을 위해서' 나의 쪽이 다른 쪽을 사랑할 수 있다. 이때 나는 '저들'로 닫혀 있는 '나'이다. 셋째, '남까지 위해서' 나의 쪽이 다른 쪽을 사랑할 수 있다. 이때 나는 '남까지'로 닫혀 있는 '나'이다. 넷째, '것까지 위해서' 나의 쪽이 다른 쪽을 사랑할 수 있다. 이때 나는 '것까지'로 열려 있는 '나'이다.

사랑은 내가 누구를 위해서, '어떤 일을 해서' 사랑하는 일이다.

나는 누구를 위해서, '어떤 일을 해서', 나의 쪽에서 다른 쪽을 사랑하는 일을 한다. 이것은 크게 네 가지 갈래가 있다. 첫째로 저를 위해서, 둘째로 저들을 위해서, 셋째로 남까지 위해서, 넷째로 것까지 위해서, '어떤 일을 해서' 사랑하는 일을 할 수 있다. 이때 '어떤 일'과 '사랑하는 일'은 내가 생각하기에 따라 무슨 일이든 될 수 있다.

사랑은 내가 누구를 위해서, 어떤 일을 '어떻게 해서' 사랑하는 일이다. 나는 누구를 위해서, 어떤 일을 '어떻게 해서', 나의 쪽에서 다른 쪽을 사랑하는 일을 한다. 이것은 크게 두 가지로 나누어 볼 수 있다.

첫째, '누구의 뜻을 좇아서' 사랑하는 일을 하느냐이다. 나는 '나의 쪽이 하고자 하는 대로 해서', 또는 '다른 쪽이 하고자 하는 대로 해서', 또는 '나의 쪽과 다른 쪽이 뜻을 맞추어서', 나의 쪽에서 너의 쪽을 사랑하는 일을 할 수 있다.

둘째, '어떠한 수단과 방법을 좇아서' 사랑하는 일을 하느냐이다. 나는 '남들이 하는 수단과 방법을 잣대로 삼아서', 또는 '바르게 하는 수단과 방법을 잣대로 삼아서', 또는 '수단과 방법을 가리지 않고서', 나의 쪽이 너의 쪽을 사랑하는 일을 할 수 있다.

─── **네 가지 사랑**

사랑은 내가 누구를 위하는 것에서 비롯하기에, 사랑하는 일에서 가장 중요한 것은 '누구를 위하느냐'이다. 누구를 위하느냐에 따라 사랑하는 일이 크게 달라지는데, 하나씩 살펴보면 다음과 같다.

첫째, 저만을 위해서, 나의 쪽이 다른 쪽을 사랑하는 일을 하고자 하는 경우이다.

이런 사람들은 오로지 저만을 사랑하고자 한다. 이들에게 사랑은 저를 위하고자 하는 하나의 수단이다. 이들은 저를 사랑하는 데 도움이 되면 남이나 것을 사랑하기도 하지만, 저를 사랑하는 데 도움이 되지 않으면 조금도 사랑하지 않는다. 이들은 저를 사랑하는 데 방해가 된다고 여기는 남이나 것에 대해서는 무엇이든 할 수 있다. 무서운 처벌만 피할 수 있으면 저를 사랑하기 위해 남이나 것을 죽이는 일까지 서슴없이 할 수 있다.

둘째, 저들만을 위해서, 나의 쪽이 다른 쪽을 사랑하는 일을 하고자 하는 경우이다.

이런 사람들은 오로지 저들을 위해서 저들끼리 사랑하고자 한다. 이들에게 사랑은 저들을 위하고자 하는 하나의 수단이다. 이들은 저들끼리 사랑하는 데 도움이 되면 남이나 것을 사랑하기도 하지만, 저들끼리 사랑하는 데 도움이 되지 않으면 조금도 사랑하지 않는다. 이들은 저들끼리 사랑하는 데 방해가 된다고 여기는 남이나 것에 대해서는 무엇이든 할 수 있다. 저들의 힘으로 남이나 것에 붙어볼 만하다고 여기면, 저들을 사랑하기 위해서 남이나 것을 죽이는 일까지 거침없이 밀고 나갈 수 있다. 그래서 이들과 저들이 서로 맞붙어서 다투거나 싸우면, 그들의 밖에 있는 남이나 것까지 크게 다치는 일이 벌어진다.

셋째, 남까지 위해서, 나의 쪽이 남의 쪽을 사랑하는 일을 하고자 하는 경우이다.

이런 사람들은 저들끼리 고루 하고, 남까지 두루 하는 사랑을 하고자 한다. 이들은 저와 같은 저들끼리 함께하는 것을 넘어서, 저와 다른 남까지 함께하려고 한다. 그럼으로써 나의 바탕을 모든 사람으로 넓혀나갈 수 있다. 이들은 나와 남이 함께하는 모두를 사랑하는 일을 통해, 나를 나답게 만들어서 사람다움으로 나아가려고 한다. 그런데 이들은 사람의 밖에 널려 있는 온갖 것과 함께하지 않기 때문에 나다움이 나다움에서 그치고, 사람다움이 사람다움에서 그치고 만다. 이들은 사람들끼리 서로 나다움과 사람다움을 겨루는 일을 벗어나지 못한다.

넷째, 것까지 위해서, 나의 쪽이 남의 쪽을 사랑하는 일을 하고자 하는 경우이다.

이런 사람들은 저들끼리 고루 하고, 남까지 두루 하고, 것까지 널리 하는 사랑을 하고자 한다. 이들은 저와 같은 저들끼리 함께하는 것, 저와 다른 남까지 함께하는 것을 넘어, 남의 밖에 자리하는 모든 것까지 함께하려고 한다. 이들은 모든 것을 아울러 사랑함으로써 나를 나답게 만들고, 사람을 사람답게 만들고, 나와 사람이 바탕을 두고 있는 모든 것을 것답게 만들고자 한다. 이로써 모든 것이 저마다 저다움을 찾아가게 되면, 살아가는 일과 마찬가지로 죽어가는 일도 깊은 뜻을 가질 수 있다.

이렇듯 사랑이 '저'에게만, '저들'에게만, '남까지'만 머무는 것이 아니라 '것까지' 이르는 것임을 깊고 넓게 깨칠 수 있어야, 나의 몸과 마음을 아름답게 만드는 일에 사랑이라는 묘약이 제대로 쓰일 수 있다.

09
서로의 반쪽을 만나면 일어나는 일들
— 반갑다·반하다·반기다

사람들은 만나면 인사를 주고받는다. 인사는 사람들이 가장 먼저 하는 일이면서, 사람들에게 매우 소중한 일이다. 이런 까닭에 한국사람은 만나서 주고받는 인사를 사람이 하는 일, 즉 '인사(人事)'라고 말한다.

사람들은 상대를 알아주려는 뜻을 담아서 인사를 주고받는다. 인사를 통해 서로가 상대를 어떻게 알아주는지 가늠해볼 수 있다. 이런 까닭에 상대를 알아주려는 뜻이 없는 경우에는 인사를 하지 않는다.

사람들은 인사를 어떻게 하느냐에 따라 상대를 알아주는 일이 달라질 수 있기 때문에 인사하는 것을 어렵게 여긴다. 그래서 상대를 알아주는 뜻을 몇 가지 말에 담아, 인사하는 일을 쉽게 만든다. 정해진 인사말을 주고받음으로써 인사의 뜻을 한층 또렷하게 드러낼 수 있다.

인사말은 크게 네 가지가 있다.

첫째, 사람들이 만났을 때, 처음에 만남의 시작을 알리는 인사말이다("처음 뵙겠습니다", "만나서 반갑습니다", "안녕하십니까").

둘째, 사람들이 만났을 때, 서로의 안부를 묻고 답하는 인사말이다("어떻게 지내십니까", "잘 지내십니까", "잘 지냅니다", "덕분에 그럭저럭 지냅니다").

셋째, 사람들이 만나서 함께할 때, 그때그때 건네는 인사말이다("고맙습니다", "감사합니다", "좋습니다").

넷째, 사람들이 헤어질 때, 서로를 위해 건네는 인사말이다("안녕히 계십시오", "조심히 가십시오").

인사말에서 가장 중요한 것은 처음에 건네는 '반갑다'라고 할 수 있다. 만남이 반가움으로 시작되어야 즐거운 만남으로 이어질 수 있기 때문이다. 그런데 사람들은 '반갑다'가 어떤 뜻인지 잘 알지 못한 채, 별생각 없이 그냥 '반갑다'라는 말을 배우고 쓴다.

나는 대학에서 학생들을 가르칠 때, 첫 시간에 "반갑습니다"라고 인사를 건네고 나서 '반갑다'가 무엇을 뜻하는 말인지 물어보곤 했다. 하지만 선뜻 대답하는 학생이 거의 없었다.

'반갑다'의 뜻을 좀 더 깊이 생각해보라고 다그치면, 그제야 학생들은 '만나서 좋다' 또는 '만나서 기쁘다'와 같은 뜻이라고 대답했다. 이렇게 대답한 것은 영국말 인사 "Nice to meet you"를 한국말로 풀어낸 것이라고 할 수 있다. 학생들은 "Nice to meet you", 즉 "당신을 만나니 기쁘다"를 '반갑다'의 뜻으로 알고 있었다.

〈반갑습니다〉라는 북한 노래는 꽤나 유명하다. 남과 북이 예술단을 교류할 때마다 울려 퍼져서 남쪽 사람들도 이 노래를 많이 알게 되었다. "동포 여러분, 형제 여러분, 이렇게 만나니 반갑습니다~"로 가락이 흘러간다. 그런데 '반갑다'가 무엇을 뜻하는 말인지 잘 모르는 것은 북쪽 사람들도 마찬가지인 듯하다.

『표준국어대사전』은 '반갑다'를 "그리워하던 사람을 만나거나 원하는 일이 이루어져서 마음이 즐겁고 기쁘다"라고 풀이해놓았다. 이것도 "Nice to meet you"를 옮겨놓은 데 그친다.

─── 반쪽을 만나 하나가 되어 우리로 나아가네

'반갑다'의 뜻을 알기 위해서는 말의 짜임새를 살펴보아야 한다. '반갑다'는 '반+갑다'로, '반'과 '갑다'의 짜임새를 알게 되면 사람들이 왜 '반갑다'라는 인사말을 주고받게 되었는지 알 수 있다. 결론부터 이야기하면 '반갑다'는 "너는 나의 반쪽과 같다"라는 뜻이다. '반갑다'가 왜 그런 뜻을 갖게 되었을까?

'반갑다'에서 '반'은 어떤 것의 '반', 즉 '반쪽'을 말한다. 이쪽의 '반'과 저쪽의 '반'이 만나면 하나의 온전한 어떤 것이 될 수 있다. '반'이라는 것은 결국 이쪽과 저쪽이 함께해서 하나가 됨으로써 제구실을 할 수 있는 것을 말한다.

'반갑다'에서 '갑다'는 '같다'와 뿌리를 같이하는 말이다. 이때의 '갑'은 '값', '값어치', '갑절', '갚다'와 같은 것에서 볼 수 있다. 이를테면 어떤 물건의 '값'이 천 원이라는 것은 어떤 물건과 천 원이라는 돈의 값어치가 같다는 뜻이고, 은혜를 '갚다'라는 것은 입은 은혜와 같은 것으로 은혜를 돌려주는 것을 뜻한다. 또한 '갑절'은 어떤 것과 똑같은 것이 두 개가 있어서 곱이 되는 것을 말한다. '곱절'도 '갑절'과 마찬가지로 '같다'에 뿌리를 둔 말로, 똑같은 것이 둘이 있다는 뜻이다.

정리하면, '반갑다'는 나와 네가 이쪽의 반과 저쪽의 반으로 만나서, 하나의 '우리'를 이루었다는 뜻을 갖고 있다. 따라서 "반갑습니다"라고 말하는 것은 "나와 너는 이제 하나의 우리가 되었습니다"라고 말하는 것과 같다.

한국말에서 '반갑다'보다 한 걸음 더 나아간 것이 '반하다'라는 말이다. "나는 그녀에게 반했다"라는 말은 내가 그녀의 반쪽이 되어서, 그녀와 하나처럼 함께하고 싶다는 뜻이다. 이 때문에 사람들은 언제나 반한 것과 하나가 되어서 함께 있고 싶어 한다. 예를 들어 어떤 사람이 강아지에 반했다면, 그 사람은 강아지와 하나가 되어 함께 있고 싶어 할 것이다.

'반하다'와 뿌리를 같이하는 낱말로 '반기다'가 있다. '반기다'는 어떤 것에 '반하게 되는 것'을 말한다. '반기다'에서 '기'는 '~게 되다'라는 뜻을 갖고 있다. '숨기다(숨+기+다)'가 '숨게 되다', '감기다(감

+기+다)'가 '감게 되다'를 뜻하는 것과 같다.

　내가 너를 반기는 것은 내가 너를 나의 반쪽과 같게 여겨서, 너를 나의 반으로 맞아들이는 것을 말한다. 이것은 내가 너와 하나의 우리로서 함께하고자 하는 뜻을 밖으로 드러내어 참으로 이루어나가는 것을 말한다.

　이와 같이 "반갑습니다"라는 인사말에는 한국사람이 갖고 있는 우리에 대한 생각이 바탕에 깔려 있다. 사람들은 반갑다는 인사를 주고받음으로써, 나와 네가 하나의 우리로 함께 어울려 있음을 나타내고자 한다. 반가움을 터전으로 삼아 우리로서 함께 느끼고, 알고, 바라고, 이루는 일을 하게 되면, 나와 너는 서로 반갑고, 반하고, 반기는 둘도 없는 사이가 될 수 있다. 이로써 나와 너는 하나의 우리로 사이좋게 어울려 살아갈 수 있다.

　이렇게 볼 때, 한국사람이 주고받는 "반갑습니다"라는 인사말은 "내가 너를 만나니 기분이 좋다"라는 뜻의 "Nice to meet you"와 바탕을 달리하는 것을 알 수 있다.

　'반갑다'는 만나서 좋은 것에 머무르지 않고, 내가 너와 하나가 되어서 함께 느끼고, 알고, 바라고, 이루는 일로 나아가고자 하는 뜻을 담고 있다. 이것이 바로 사람들이 '반갑다'라는 인사말을 주고받을 때, 나와 너에 대해 갖고 있는 참된 바람이자 보람이다.

10

서로 갈라지면 일어나는 일들
— 겨루다·다투다·싸우다

    오늘날 한국에서는 수많은 사람이 이쪽과 저쪽으로 편을 갈라서 줄기차게 그리고 죽기 살기로 겨루고, 다투고, 싸우는 일을 벌이고 있다. 여기저기서 벌어지는 싸움 때문에 정신을 차릴 수 없을 만큼 나라 안이 시끄럽고 어지럽다.
    한국사람은 겨루고, 다투고, 싸우는 일을 끊임없이 이어가면서도 겨루는 일과 다투는 일과 싸우는 일이 어떻게 같고 다른지 잘 알지 못한다. '겨룰 경(競)'과 '다툴 쟁(爭)'과 '싸움 투(鬪)'를 하나로 어울러서 그냥 정신없이 경쟁하고 투쟁하는 일에만 빠져서 살아가고 있다. 이런 까닭에 겨뤄야 할 일을 다투거나 싸우고, 다퉈야 할 일을 겨루거나 싸우며, 싸워야 할 일을 겨루거나 다투는 일이 여기저기서 벌어진다. 이러니 사람들이 어떤 일을 벌일 때마다 곳곳에서 싸움이 벌어져서 난장판이 되고 만다.

─── 승부를 내고자 하면 겨루고

'겨루다'는 '결', '겻다', '계시다', '겨누다', '견주다'와 바탕을 같이 하는 말이다. 겨루는 일은 이쪽과 저쪽이 어떤 것을 객관적 잣대로 삼아, 이기고 지는 것을 갈라서 판결하는 것을 말한다. 이를테면 두 사람이 씨름으로 힘을 겨룰 때, 누가 먼저 몸이 땅에 닿느냐를 잣대로 삼아, 먼저 땅에 닿는 사람을 진 사람으로, 나중에 땅에 닿는 사람을 이긴 사람으로 판가름하게 된다.

어떤 것을 가지고 서로 겨룰 때 잣대를 또렷하게 만들면 이기는 쪽과 지는 쪽을 쉽게 가를 수 있다. 그래도 여의치 않으면 다른 사람에게 잣대를 맡겨서 이기는 쪽과 지는 쪽을 심판하도록 하면 된다.

─── 맞서고자 하면 다투고

'다투다'는 '답다', '되다'와 바탕을 같이하는 말이다. 다투는 일은 이쪽과 저쪽이 어떤 것에 대한 좋음과 싫음, 좋음과 나쁨, 옳음과 그름, 맞음과 틀림 등을 놓고 서로 제가 내세우는 것이 더 낫다고 맞서는 것을 말한다. 이를테면 두 사람이 부동산 보유세를 놓고 서로 다툴 때, 이쪽은 올리는 것이 좋다 하고, 저쪽은 내리는 것이 좋다며 서로 맞서는 것과 같은 일이다. 이런 경우에는 잣대를 또렷이 세우기가 쉽지 않기 때문에 서로 막무가내로 우기는 일이 벌어질 수 있다.

맞붙고자 하면 싸우고

'싸우다(사호다)'는 '사다', '살다'와 바탕을 같이하는 말이다. 싸우는 일은 이쪽과 저쪽이 어떤 것을 제 것으로 만들기 위해, 서로 다른 쪽을 허물어버리려고 맞붙어 싸우는 것을 말한다. 싸우는 사람들은 덩치, 손발, 말발, 무기, 숫자 등을 가지고 다른 쪽을 무찔러 없애려고 한다.

싸우는 방식으로 어떤 것을 갖고자 하면 못 할 짓이 없다 보니 무법천지로 빠져들기 쉽다. 그래서 이러한 지경에 이르지 않도록 미리 갖가지로 법을 만들어 싸움이 무법천지에 이르지 않게끔 손을 쓴다. 그리하면 속내로는 싸우고 싶어도 어쩔 수 없이 겨루거나 다투는 방식으로 싸우게 된다.

싸움천국 혹은 싸움지옥

오늘날 한국사람은 이런저런 까닭으로 잔뜩 약이 오르고 골이 나 있는 상태로 살아간다. 이러니 작은 일만 있어도 거침없이 싸움을 벌여서 세상을 온통 싸움판으로 만들곤 한다. 싸우지 않아야 할 일도 싸우려 하고, 싸우지 않고 풀어야 할 일도 싸워서 풀려 하고, 겨루는 방식으로 해야 할 일도 그냥 마구 싸우는 방식으로 하고, 다투는 방식으로 해야 할 일도 그냥 마구 싸우는 방식으로 하려고 한다. 이러니 한국사회는 싸움을 좋아하는 사람에게는 싸움천국과 같고, 싸움을 싫어하는 사람에게는 싸움지옥과 같다.

싸움천국이면서 싸움지옥인 대한민국에서 신나게 살아가는 사람은 세 가지 부류가 있다. 싸움꾼과 훈수꾼과 재판꾼이다.

첫째, 대한민국의 싸움꾼들은 이쪽과 저쪽으로 또렷하게 편을 갈라서 끊임없이 새로운 싸움거리를 만들어내고, 뜨겁게 그리고 줄기차게 싸움을 벌인다. 그들은 싸움거리를 만드는 일과 싸움을 벌이는 일에 매우 뛰어난 전문가들이다. 조선시대에 수백 년간의 당쟁으로 길러진 화려한 싸움꾼 기질이 21세기에 완전히 새롭게 꽃을 피우고 있다.

둘째, 대한민국의 훈수꾼들은 이쪽과 저쪽에 붙어서 끊임없이 싸움판에 훈수를 두고, 싸움을 부추긴다. 신문과 방송의 기자, 평론가, 논객은 물론이고 일반인들까지 나서서 훈수꾼으로 뛴다. 그들은 겉으로는 싸움을 말리는 척하면서, 속으로는 싸움을 더욱 부추기는 교묘한 방식을 쓴다. 훈수꾼들이 싸움을 붙이는 일에 신을 내면 낼수록 싸움판은 더욱 커져만 간다.

셋째, 대한민국의 재판꾼들은 싸움꾼들이 싸움을 많이 벌이면 벌일수록, 싸움을 심각하게 만들면 만들수록 더 많은 권세를 누릴 수 있다. 그런데 대한민국의 싸움꾼들은 서로 상대를 무찔러 없애는 일에만 빠져서, 무엇이든 고소하고 고발해서 검사와 판사에게 가져간다. 싸움천국이자 싸움지옥에서는 결국 모든 것이 검사와 판사의 손에서 판가름이 나야 하기 때문에, 이들이 누리는 권세는 누구도 넘볼 수 없을 만큼 크다.

대한민국이라는 민주공화국에서 나라의 임자로서 떳떳하게 살아가고자 한다면, 겨루는 일과 다투는 일과 싸우는 일이 어떻게 같고 다른지 잘 알아야 하며, 어떤 일이냐에 따라 무엇을 어떻게 겨루고 다투고 싸워야 하는지도 잘 알아야 한다.

11

행복하세요, 고맙습니다, 덕분입니다
— 행(幸)·복(福)·은(恩)·덕(德)·약(藥)

한국사람은 살려서 살아가는 일이 잘 이루어지면 '행복하다'라고 말하고, 그러지 못하면 '불행하다'라고 말한다. 사람들은 누구나 행복하게 되기를 바라지만, 정작 행복하게 되는 일이 무엇을 어떻게 하는 일인지는 잘 모른다. 이러니 행복해지기 위해서 도리어 불행으로 내닫는 이들도 생겨나게 된다.

사람들이 살려서 살아가는 일을 잘하려면, 살려서 살아가는 일에 필요한 갖가지 것을 고루-두루 갖고 쓸 수 있어야 한다. 이런 까닭에 사람들은 좋은 몸, 좋은 머리, 좋은 음식, 좋은 옷, 좋은 도구, 좋은 집, 좋은 이웃, 좋은 나라 등을 가지고 살고자 한다.

한국사람은 살려서 살아가는 일에 필요한 갖가지 것을 갖고 쓰는 것을 바탕으로 행(幸), 복(福), 은(恩), 덕(德), 약(藥)을 자주 말하지만, 이러한 말이 어떠한 뜻을 갖고 있는지는 잘 알지 못한다. 하나씩 풀어보면 다음과 같다.

① 행(幸)

어려움에 처한 사람이 살리는 힘을 가진 어떤 것을 만나, 어려움에서 벗어나게 되는 것이 '행(幸)'이다. 이를테면 어떤 사람이 물에 빠졌는데 다른 사람이 그를 건져내서 목숨을 잃지 않게 되었을 때, 사람들은 '다행(多幸)'이라고 말한다.

② 복(福)

사람이 저를 살리는 힘을 가진 어떤 것을 받아서 누리는 것이 '복(福)'이다. 사람들은 부모, 조상, 이웃과 같은 존재가 베풀어주는 '복'을 받아서 누리기도 하고, 해, 달, 물, 불, 흙, 풀, 나무, 개, 소와 같은 존재에서 비롯하는 '복'을 받아서 누리기도 한다.

③ 은(恩)

사람이 저를 살리는 힘을 남에게 빚지는 것이 '은(恩)'이다. 사람이 살아가는 것은 어버이, 해, 달, 물, 불, 흙과 같은 온갖 것이 가지고 있는 살리는 힘에 빚을 지는 일이다. 사람들은 살려서 살아가는 일이 남에게 '은'을 빚지는 일임을 알게 되면, 남에게 '덕'을 베푸는 일에 눈을 뜨게 된다.

④ 덕(德)

사람이 살리는 힘을 가진 것을 베풀어서, 남이 받아서 누리도록 하는 것이 '덕(德)'이다. 남에게 '덕'을 베풀기 위해서는 두 가지를 갖고 있어야 한다. 하나는 남에게 베풀 수 있는 어떤 것이고, 다른 하나는 남에게 베풀 수 있는 마음이다. 아무리 많은 것을 갖고 있더라도 베풀 수 있는 마음이 없으면 '덕'을 베푸는 일은 일어나지 않는다.

⑤ 약(藥)

사람이 몸이나 마음에 어려움이 생겼을 때, 몸이나 마음을 살리는 일에 쓰는 것이 '약(藥)'이다. 몸이나 마음을 고쳐서 낫게 하는 데 쓰는 약을 '치료약'이라 하고, 몸이나 마음의 힘을 키워서 스스로 낫게 하는 약을 '보약'이라 한다.

사람들이 아무리 많은 '행'을 만나고, 많은 '복'을 받고, 많은 '은'을 입고, 많은 '덕'을 베풀고, 좋은 '약'을 먹더라도, 그것을 누릴 수 없으면 어떠한 쓸모도 없다. 이런 까닭에 사람답게 살아가는 일은 누리는 힘에 달려 있다. 사람들은 갖가지 것이 가진 살리는 힘을 잘 살려서, 고루-두루 잘 누릴 수 있어야 한다.

셋째 판

한국말로 세상살이 깊이 보기

01 모든 것이 함께 어울러서 끊임없이 일어나는 때와 곳 - 뉘·누리·시간·공간

02 '하늘 천', '따 지'를 따지기 전에 - 하늘·바다·해·달·땅

03 불고 불고 돌아가는 세상 - 물·물다·무르다·불·불다·불리다

04 바람의 흐름을 읽으니 미르의 세상이 열리네 - 풍류·바람·미르

05 별을 헤고, 세상을 헤아리다 - 혀·헤다·헤아리다

06 그것이 알고 싶다 - 구멍·궁금하다

07 이보다 더 온전할 순 없다 - 만·많다

08 세상에 그냥 되는 일은 없더라 - 되다·달라지다·바뀌다

09 누리의 모든 것이 본질에 가까워질 때 - 아름·다움·담다·아름답다

10 우리는 모두 무엇이 되고 싶다 - 이름·일컬음

11 다 함께 그 이름을 불러주기 전에는 - 무엇·가르다·가리키다

01

모든 것이 함께 어울려서
끊임없이 일어나는 때와 곳
― 뉘·누리·시간·공간

　한국사람은 언제나 늘 함께 어울려서 끊임없이 일어나는 것들 가운데 어떤 것을 가리켜 '이것'이나 '저것'이라고 말한다. 사람들은 지금 마주하고 있는 '이것'이나 '저것'을 바탕으로 삼아서, 이미 있었던 '그것'을 기억하고 앞으로 있게 될 '그것'을 짐작하게 된다. 이로써 사람들은 온갖 것을 느끼고, 알고, 바라고, 이루는 일을 할 수 있는 임자로 살아간다.

　한국사람은 모든 것이 늘 함께 어울려서 끊임없이 일어나는 곳을 하나의 자리로 여기고, 이를 '누리'라고 말한다. '누리'는 이것과 저것이 서로 누르고 눌리는 곳으로, 이것과 저것이 저마다 어떤 것으로서 자리하는 곳이다.

　한국사람은 모든 것이 늘 함께 어울려서 끊임없이 일어나는 때를 하나의 흐름으로 여기고, 옛날에는 이를 '뉘'라고 말했다. '뉘'는 사람의 한평생, 한세상을 뜻하는 옛말로, 일어남의 때가 끊임없이 거듭되며 누누이 쌓여나가는 것을 말한다. '뉘'는 이미 일어난 일의 흐름과, 바야흐로 일어나는 일의 흐름과, 앞으로 일어나게 될 일의 흐름으로 이루어져 있다. 사람들은 이러한 '뉘'를 바탕으로 삼아서, 과거와 현재와 미래의 일을 하나의 흐름으로 꿰어서 알아볼 수 있다.

오늘날 한국사람은 '누리'를 공간이라 부르고, '뉘'를 시간이라 부른다. 19세기에 일본 학자들이 서양말 'space(스페이스)'와 'time(타임)'을 한자 낱말로 번역한 것을, 한국사람과 중국사람이 그대로 따라 썼다. 이러니 한국사람은 '누리'와 '뉘', '공간'과 '시간', 'space'와 'time'을 그냥 이러저러하게 알아서 쓸 뿐, 그러한 말들이 어떠한 바탕을 갖고 있는지는 알지 못한다.

오늘날 한국사람은 모든 것이 늘 함께 어울려서 끊임없이 일어나는 곳과 때를 하나로 아울러 '세상', '세계', '우주' 등으로 말한다. '세상'은 '누리'를 가리키는 말이고, '세계'와 '우주'는 '온 누리'를 가리키는 말이다.

02
'하늘 천', '따 지'를 따지기 전에
— 하늘·바다·해·달·땅

　한국사람은 석기시대에서 청동기시대에 이르는 매우 긴 시간 동안 바닷가에 터를 잡고 살았다. 그들은 해가 바다에서 떠서 바다로 지는 것을 보면서 살았다. 그들은 하늘과 바다가 맞닿은 수평선을 잣대로 삼아서, 하늘 밑에서 펼쳐지는 누리와 바다 속에서 펼쳐지는 누리를 삶의 터전으로 삼아, 나름으로 '수평선 문화'를 일구어왔다.

　그런데 삼국시대부터 중국에서 가져온 천자문을 배우게 되자, 중국사람이 하늘과 땅이 맞닿은 지평선을 잣대로 삼아서 하늘과 땅과 사람을 엮어 세상 모든 것을 풀어내는 '지평선 문화'를 좇아가게 되었다. 이로부터 한국사람은 오랫동안 일구어온 수평선 문화를 점점 잊어버리는 대신 '천지현황(天地玄黃)', '우주홍황(宇宙洪荒)' 같은 것을 앵무새처럼 되뇌었다.

─── 하늘은 크고 높은 것이고

'하늘'은 '많고, 크고, 높다'를 뜻하는 '하다'와 뿌리를 같이하는 말이다. '하늘=하+ㄴ+을'로, '많고, 크고, 높은 것'을 뜻한다. 하늘은 해와 달을 비롯하여 헤아릴 수 없이 많은 별이 자리한 곳으로, 누리의 모든 것을 하나로 어우를 수 있을 만큼 더없이 크고 높은 것을 가리킨다.

오늘날 한국사람은 '많고, 크고, 높다'를 뜻하는 '하다'라는 말을 거의 쓰지 않는다. 이러한 '하다'는 '하도 많아서', '하고많은 것'과 같은 말에서만 찾아볼 수 있다. '하도 많아서'는 '많고 많아서'를, '하고많은 것'은 '많고 많은 것'을 뜻한다.

'많고, 크고, 높다'를 뜻하는 '하다'를 쓰지 않는 데는 나름의 까닭이 있다. 오늘날에는 아래아(ㆍ)를 쓰지 않기 때문에 '무엇이 많다'를 뜻하는 '하다(하+다)'와 '무엇을 하다'를 뜻하는 'ᄒᆞ다(ㅎ+다)'를 모두 '하다'라고 쓴다. '하다'와 'ᄒᆞ다'가 서로 헷갈리는 탓에, '무엇이 많다'를 뜻하는 '하다'를 모두 '많다'로 바꾸어 쓰게 되었다.

그런데 '하다'와 '많다'는 비슷하면서도 다른 말이다. '하다'는 어떤 것이 많은 것을 넘어서 크고 높은 것까지 아우르는 것을 뜻하는 반면에, '많다'는 어떤 것이 불어나거나 늘어나서 가득 차게 된 것을 뜻한다. 이런 까닭에 '하다'라는 말을 쓰지 않게 되면서, '많고, 크고, 높은 것'을 하나로 싸잡아서 일컫는 일이 어려워졌다.

바다는 바른 것이며

한국사람은 오랫동안 바닷가를 살림살이의 터전으로 삼아왔다. 그들은 해가 바다에서 떠올라서 하늘을 날아서 바다로 지는 것을 보면서, 하늘과 바다가 함께 하나의 큰 누리를 이루고 있는 것으로 보았다.

'바다'는 '바르다'와 뿌리를 같이하는 말이다. '바다'는 끝없이 바르게 펼쳐져 있는 것으로서, 사람들이 높은 것이나 깊은 것을 헤아리는 일의 잣대로 삼는 것이다. 바다를 잣대로 삼아 높이나 깊이를 재는 것을 '해발(海拔)'이라고 말한다.

'바르다'의 뜻을 또렷하게 알려면 '바르다'와 '곧다'를 견주어보아야 한다. '바르다'는 어떤 것이 주어진 잣대에 맞게 되는 것을 뜻한다. "동그라미를 바르게 그려라"라고 할 때, 바르게 그리는 일은 어떤 것을 동그라미라는 잣대에 맞게 그리는 것을 말한다. 반면에 '곧다'는 어떤 것이 이쪽에서 저쪽으로 바로 이어지는 것을 뜻한다. "금을 곧게 그어라"라고 할 때, 곧게 긋는 일은 이쪽에서 저쪽으로 바로 나아가게 하는 것을 말한다. 이러니 동그라미를 '바르게' 그릴 수는 있어도 '곧게' 그릴 수는 없다.

한국사람이 바다를 곧게 펼쳐진 것이 아니라 바르게 펼쳐진 것으로 보는 것은 바다를 둥그렇게 생긴 어떤 것으로 보았기 때문이다. 바다에서 배를 타고 먼 곳까지 오가는 일을 하다 보면, 바다가 둥그렇게 생긴 것을 스스로 깨달을 수 있다.

해는 하는 것이고

'해(옛말은 히)'는 '무엇을 하다'를 뜻하는 '하다(ᄒ다)'와 뿌리를 같이하는 말이다. '해'는 '하+이'로, '스스로 무엇을 하는 것'이면서 '다른 것이 무엇을 하게 하는 것'을 뜻한다. '해'는 엄청나게 센 불과 빛을 뿜어내는 것으로서, 온 누리를 밝게 비추고 따뜻하게 만들어서, 갖가지 일들이 일어나고 생겨나고 벌어지게 하는 바탕이 된다.

하늘 아래에서 생겨나는 모든 것과 바다 속에서 생겨나는 모든 것은 해에서 비롯하는 불과 빛에 기대어서, 나고 살고 죽는 일을 거듭한다. 사람들이 온갖 것이 나고 살고 죽는 일에 눈을 뜨게 되면, 해가 '스스로 하는 것'으로서 '다른 모든 것을 하게 하는 것'임을 알아볼 수 있게 된다.

한국사람은 해가 끊임없이 나고 지는 것을 낱낱으로 갈라서 '날'이라고 부른다. 해가 한 번 나고 지는 것을 '한 날' 또는 '하루', 해가 나고 지는 일을 거듭해서 봄-여름-가을-겨울을 온전히 지나는 것을 '한 해'라고 부른다.

한국사람은 한 해가 시작되는 첫날을 따로 정해서 '설'이라고 부른다. '설'은 아직 설익은 상태에 있는 것을 뜻하는 말이다. 설익은 해의 첫날이 '설날'이고, 설익은 해가 시작됨을 알리는 첫 달이 '섣달'이다. 설익은 '해'가 봄-여름-가을-겨울을 지나서 완전히 익게 되면 '한 해'가 되고, '한 돌'이 된다.

─── **달은 다는 것이요**

'달'은 '달아서 헤아리는 것'을 뜻하는 '달다'와 뿌리를 같이하는 말이다. 사람들은 밤하늘에 떠 있는 달을 잣대로 삼아, 나날이 흘러가는 날짜를 달아서, 몇 월 며칠인지 헤아려왔다. 이는 마치 저울에 물건을 달아서 무게를 헤아리는 것과 같다.

밤하늘에 떠 있는 달의 모양으로 날짜를 달아서 어떤 것을 헤아리는 일은 두 가지로 이루어진다. 하나는 달의 모양을 달아서 몇 월 며칠을 헤아리는 일이고, 다른 하나는 달의 모양을 달아서 밀물과 썰물의 때와 크기를 헤아리는 일이다.

─── **땅은 닿는 것이라**

'땅'은 '닿아서 자리하는 것'을 뜻하는 '닿다'와 뿌리를 같이하는 말이다. 땅은 어떤 것이 닿아서 자리를 잡는 바닥이 되는 곳으로서, 하늘 아래에 있는 온갖 것들이 터전으로 삼는 곳이다.

땅에는 흙, 돌, 바위 등이 널려 있다. 흙은 낱낱으로 흩어지는 것, 돌은 단단하게 굳어서 돌아가는 것, 바위는 바탕이 위로 드러나 솟아난 것을 말한다. 바탕인 바위가 깨지면 돌이 되고, 돌이 깨지면 흙이 된다. 이러한 땅을 바닥으로 삼아서 풀, 나무, 벌레, 짐승, 사람과 같은 온갖 것이 더불어 살아간다.

03

물고 불고 돌아가는 세상
― 물·물다·무르다·불·불다·불리다

───── 물은 무는 것이요

'물'은 '물다', '무르다'와 뿌리를 같이하는 말이다. 물이라는 말의 바탕을 알기 위해서는 먼저 '물다'와 '무르다'가 무엇을 뜻하는 말인지 알아야 한다.

'물다'는 방향이 서로 반대인 이쪽과 저쪽이 어떤 것을 물어서, 그것이 빠져나가지 못하게 만드는 것을 말한다. 이를테면 "개가 뼈다귀를 물었다", "붕어가 미끼를 물었다"라고 할 때의 '물다'이다.

개가 뼈다귀를 무는 일이나 붕어가 미끼를 무는 일은 때때로 일어나는 일이다. 그런데 사람들이 흘리고, 마시고, 뿌리고, 씻는 물은 어떤 것을 만나면 언제나 한 치의 빈틈도 없이 무는 일을 해서, 물에서 벗어나는 일을 어렵게 만든다. 이를테면 파리가 물에 빠져서 죽는 것은 물이 파리를 물어서 벗어나는 일을 어렵게 만들기 때문이다.

한국사람은 물이 언제나 무는 일을 하는 것을 가지고, 물에 물이라는 이름을 붙였다. 그리고 물에서 일어나는 무는 일을 바탕으로 '밀다', '무르다', '무겁다', '가볍다', '무섭다'와 같은 말을 만들어 썼다.

'밀다'는 물이 저를 에워싸고 있는 것을 바깥으로 밀어내는 것을 말한다. 물은 언제나 한 치의 빈틈도 없이, 에워싸고 있는 것을 바깥으로 밀어내는 일을 한다.

'무르다'는 어떤 것이 물처럼 다른 것을 물 수 있게 되는 것을 말한다. 이를테면 풋감처럼 딴딴한 것이라도 물러서 물렁해지면, 어떤 것이 들어오면 그것을 물처럼 물 수 있게 된다.

'무겁다'와 '가볍다'는 물이 어떤 것을 무는 것이 무게에 따라 달라지는 것을 나타내는 말이다. 물은 무거운 것은 많이 물어주고, 가벼운 것은 적게 물어준다.

어떤 것이 '무겁다'는 것은 물이 무는 일이 버거워서, 어떤 것이 물의 밑으로 가라앉는 것을 말한다. 반면에 어떤 것이 '가볍다'는 것은 물이 무는 일이 버겁지 않아서, 어떤 것이 물의 '가(가장자리)'로 떠오르는 것을 말한다.

한국사람은 물에서 볼 수 있는 무거움을 잣대로 삼아서 무게를 달았다. '무게'는 '물에 무거운 것'이라는 뜻을 갖고 있는 말이다. 물보다 무거운 것은 물의 밑으로 가라앉고, 물보다 가벼운 것은 물의 밖으로 떠오른다.

'무섭다'는 물을 두려움의 대상으로 느낀 것을 나타내는 말이다. 사람들은 물에 빠지거나 물에 휩쓸리면 물에 물려서 목숨을 잃게 되는 것을 보고, 물을 두려움의 대상으로 느껴서 '무섭다'라는 말을 쓰게 되었다.

──── 불은 부는 것이라

'불'은 '불다', '불리다'와 뿌리를 같이하는 말이다. 불이라는 말의 바탕을 알기 위해서는 먼저 '불다'와 '불리다'가 무엇을 뜻하는 말인지 알아야 한다.

'불다'는 두 가지 뜻을 갖고 있다.

첫째, 공기가 이쪽이나 저쪽으로 옮아가는 것을 말한다. 이를테면 바람이 부는 것은 공기가 이쪽이나 저쪽으로 옮아가는 것이고, 사람이 풍선을 부는 것은 공기가 사람의 쪽에서 풍선의 쪽으로 옮아가도록 하는 것이다.

둘째, 어떤 것에 다른 것이 들어가서 어떤 것이 불어나게 되는 것을 말한다. 이를테면 콩에 물이 들어가면 콩이 불어나서 커지게 되고, 풍선에 바람이 들어가면 풍선이 불어나서 커지게 된다.

콩에 물이 들어가서 콩이 불어나거나, 풍선에 바람이 들어가서 풍선이 불어나는 일은 때때로 일어나는 일이다. 그런데 사람들이 비추고, 밝히고, 데우고, 끓이는 불은 언제나 공기를 불어나게 만들고, 불어가게 만드는 일을 한다.

　한국사람은 불이 언제나 불어나고 불어가게 만드는 일을 하는 것을 가지고, 불에 불이라는 이름을 붙였다. 그리고 불에서 일어나는 부는 일을 바탕으로 '불리다', '부르다', '부리다'와 같은 말을 만들어 썼다.

　'불리다'는 어떤 것을 불어나게 만드는 것을 말한다. 콩을 물에 넣어서 불어나게 만드는 것을 '콩을 불리다'라고 말하고, 발을 물에 넣어서 때가 불어나게 만드는 것을 '발을 불리다'라고 말한다.

　'부르다'는 입으로 바람을 불어서, 누구를 소리로써 부르는 것을 말한다.

　'부리다'는 누구를 불러서, 부르는 대로 따르도록 하는 것을 말한다. 이를테면 옛날에 양반들이 종을 부린 것은 종을 불러서, 부르는 대로 종이 따르도록 한 것이다.

04

바람의 흐름을 읽으니
미르의 세상이 열리네
— 풍류·바람·미르

사람들이 어떤 일을 느끼고, 알고, 바라고, 이루는 대상으로 삼는 것은 곳과 때를 함께하는 낱낱의 일에 바탕을 두고 있다. 그런데 어떤 일을 깊고 넓게 알기 위해서는 낱낱의 일이 비롯하는 까닭과 흘러가는 흐름을 알아야 한다. 이를 알면 느끼고, 알고, 바라고, 이루는 일을 더욱 잘할 수 있다.

『삼국사기』에는 난랑(鸞郎)이라는 화랑(花郎)을 기리며 최치원이 쓴 비(碑)의 서문이 나온다. 이 글을 보면 신라에는 일이 비롯하는 까닭과 흘러가는 흐름을 깊고 넓게 묻고, 따지고, 푸는 사람들의 무리가 있었고, 그들이 함께하는 학문을 '풍류(風流)'라고 일컬었음을 알 수 있다.

우리나라에 아득하고 그윽한 도리(道理)가 있는데, 그것을 풍류라고 일컫는다. 풍류라는 가르침이 베풀어진 바탕은 선인(仙人)들을 적어놓은 역사책에 꼼꼼히 갖추어져 있다. 풍류는 그 안에 유교와 도교와 불교라는 세 개의 가르침이 모두 담겨 있는 것으로서, 생겨나고 태어나는 모든 것을 그것답게 되도록 하는 가르침이다. 풍류에서 볼 수 있는 것으로서, 사람들이 안으로 들어서는 집에 효도하고, 밖으로 나가서는 나라에 충성하는 일은 공자가 가르친 것과 같은 것이다. 그리고 사람들이 애써 뜻하지 않아도 절로 이루어지는 일에 바탕을 두고서, 말을 넘어서는 가르침을 이루는 일은 노자가 으뜸으로 삼은 것과 같은 것이다. 그리고 사람들이 모든 모진 일을 짓지 아니하고, 모든 어진 일을 받들어 이루는 일은 부처가 깨우친 것과 같은 것이다.

(國有玄妙之道, 曰風流. 設敎之源, 備詳仙史. 實內包含三敎, 接化群生. 且如入則孝於家, 出則忠於國, 魯司寇之旨也. 處無爲之事, 行不言之敎, 周柱史之宗也. 諸惡莫作, 諸善奉行, 竺乾太子之化也.)

'풍류(風流)'는 '바람 풍+흐를 류', 즉 '바람의 흐름'을 한자로 옮긴 것이다. 풍류란 어떤 일이 비롯하는 까닭과 어떤 일이 흘러가는 흐름을 밝혀서, 누리에서 일어나는 온갖 것과 온갖 일을 바르게 느끼고, 알고, 바라고, 이루고자 하는 학문을 말한다.

풍류가 바탕으로 삼는 것은 이 일과 저 일을 하나의 흐름으로 묶어주는 '~는 바람에'이다. '~는 바람에'는 힘을 미치는 쪽과 힘을 입는 쪽이 '바람의 힘'에 기대어 함께 묶여 있음을 나타낸다. 이를테면 "비가 많이 오는 바람에 강물이 크게 불었다"에서 보듯이, '~는 바람에'를 바탕으로 삼아 '비가 많이 온 일'과 '강물이 크게 불어난 일'을 하나로 묶어서 함께하는 일로 담아내는 것이다. 이처럼 한국사람은 '~는 바람에'를 바탕으로 삼아서, 모든 것을 언제나 함께 일어나고 흘러가는 것으로 풀어낸다.

─── 바람을 알면 앞이 환해지나니

'~는 바람에'라고 할 때의 '바람'은 비어 있는 모든 곳을 채우는 '바람'을 가리킨다. 모든 곳을 채운 '바람'에 기대어서 불이 나고, 비가 오고, 숨을 쉬는 등의 일이 일어난다. 이를 하나씩 살펴보면 다음과 같다.

첫째, 한국사람은 종이나 나무가 불에 타는 것은 '바람의 힘'에 기대어서 일어난다고 보았다. 그래서 이것들을 불에 태울 때 바람이 잘 들어가게 만든다.

둘째, 한국사람은 북이나 피리가 소리가 나는 것은 '바람의 힘'에 기대어서 일어난다고 보았다. 그래서 이것들을 소리가 나게 만들 때 바람에 잘 울리도록 만든다.

셋째, 한국사람은 눈이나 비가 오는 것은 '바람의 힘'에 기대어서 일어난다고 보았다. 그래서 바람에 실려 가는 구름의 모양을 보고 눈이나 비가 올 것을 짐작한다.

넷째, 한국사람은 목숨을 가진 모든 것이 살아가는 일은 '바람의 힘'에 기대어서 숨을 쉬는 일에 달려 있다고 보았다. 살아 있는 모든 것은 '바람의 힘'에 기대어서 끊임없이 몫의 숨을 쉰다. 어떤 것이 '바람의 힘'에 기대어서 몫의 숨이 붙어 있으면 살아 있는 것이고, 몫의 숨이 떨어지면 죽은 것이 되고 만다.

다섯째, 한국사람은 앞서 일어난 일이 '바람의 힘'을 미쳐서, 뒤에 일어나는 일이 제대로 열매 맺기를 기대하는 것을 '바라다'라고 말한다. 어떤 것이 이루어지길 바라는 것은 앞의 일과 뒤의 일이 까닭과 열매로 잘 이어지도록 기대하는 것이다.

한국사람은 어떤 것을 느끼거나 알거나 바라거나 이루고 싶은 마음이 일어나는 것을 '바람이 난다'라고 말한다. '바람'이 나게 되면 '바람'에 이끌려서, 절로 어떤 것을 느끼거나 알거나 바라거나 이루는 일을 하고자 한다.

그런데 한국사람은 '바람의 힘'에 기대어서 일어나는 온갖 일 가운데 어떤 것이 살아가는 일에 도움을 주는 것을 '~는 덕분에'라고 말한다. 이를테면 "친구가 그때 돈을 빌려준 덕분에 수술 비용을 마련할 수 있었다"라고 할 때의 '~는 덕분에'이다.

한국사람은 '~는 바람에'를 바탕으로 삼아서, 갖가지 것에서 볼 수 있는 온갖 일을 깊고 넓게 묻고 따지고 풀면, 아직 일어나지 않은 일조차 미리 알고 미리 하는 사람이 될 수 있다고 보았다. 한국사람은 아직 일어나지 않은 일을 미리 할 수 있는 사람을 '용한 사람'이라고 말한다. '용한 사람'은 미리 알아보고, 미리 알아내고,

미리 알아주고, 미리 알아서 하는 일을 할 수 있는 사람을 말한다.

한국말에서 '용한 사람'은 '용(龍)과 같은 사람'을 말한다. 그런데 한국사람은 용을 '미리 용' 또는 '미르 용'으로 새겨왔다. '용=미리/미르'는 '바람'에 실려 바다와 하늘을 오가면서, 온갖 일을 미리 할 수 있는 힘을 가진 존재이다. '용=미리/미르'는 미리 할 수 있는 힘에 기대어서 일이 일어나게도 할 수 있고, 일어나지 않게도 할 수 있다. 이런 까닭에 '용=미리/미르'는 무슨 일이든 뜻대로 할 수 있다. 사람들은 '용=미리/미르'가 무슨 일이든 뜻대로 하는 것이 입에 물고 있는 구슬 때문이라고 보아서, 그것을 '여의주(如意珠)'라고 불렀다.

옛날에 한국사람은 갖가지로 볼 수 있는 온갖 '바람의 흐름'을 밝게 알아서, 무엇이든 미리 알아보고, 알아내고, 알아주고, 알아서 하는 '미리/미르'와 같은 사람으로 살아보고자 하는 꿈을 갖고 있었다. 그들이 꿈꾸는 것은 모든 낱낱의 아름이 아름답게 되고, 모든 낱낱의 사람이 사람다운 사람이 되는 일이었다. 그런데 언제부터인가 한국사람은 '미리/미르'와 같은 사람으로 살고자 하는 꿈을 버리고, 중국사람이 좇는 '용(龍)'과 같은 사람으로 살고자 하는 꿈을 갖게 되었다. 오늘날 한국사람은 중국사람처럼 누런 '용포(龍袍)'를 몸에 걸치고, 모든 것을 오로지하고자(혼자서 독차지하고자) 한다.

05

별을 헤고, 세상을 헤아리다
— 혀·헤다·헤아리다

『표준국어대사전』은 개, 사슴, 뱀, 사람 등에서 볼 수 있는 '혀'를 "동물의 입안 아래쪽에 있는 길고 둥근 살덩어리. 맛을 느끼며 소리를 내는 구실을 한다"라고 풀이하고 있다.

'혀'를 영국말로는 'tongue(텅)', 중국말로는 '舌(설)'이라고 부른다. 셋 다 같은 것을 가리키지만 말이 새롭게 뻗어나갈 때는 차이가 있다. 한국말 '혀'는 맛을 느껴서 알아보는 일에 바탕을 두고 '헤다/헤아리다'로 뻗어나간 반면, 영국말 'tongue'은 혀로써 이루어지는 '말/말씨/말투' 등으로 뻗어나가고, 중국말 '舌'은 영국말처럼 혀로써 이루어지는 '말/말재주' 등으로 뻗어나간다.

'혀'가 '헤다/헤아리다'로 뻗어나간 것은 매우 흥미롭다. '혀'에서 비롯하는 '맛/맛봄'과 '헤는 일/헤아리는 일'이 프로이트나 피아제가 아동의 발달단계를 풀이할 때 이야기하는 '구강기(口腔期, oral stage)'와 궤를 같이하기 때문이다. 사람은 '혀'로 '맛'을 '헤고 헤아리는 일'을 바탕으로 삼아 온갖 것을 느끼고, 알고, 바라고, 이루는 일로 나아간다. 그렇게 되는 까닭을 살펴보면 한국사람이 세상을 어떻게 바라보는지가 잘 드러난다.

사람들은 '혀'를 '헤'나 '쎄'라고도 한다. 오늘날에는 혀로 맛을 느껴서 알아보는 일에 바탕을 둔 '혜다'를 '세다'로 바꿔서 말하고, '헤아리다'를 '헤아리다'로 바꿔서 말한다. 이리하여 '혀'와 '세다'와 '헤아리다'는 뿌리를 달리하는 말처럼 서로 엇갈리게 되었다.

'혀'와 '헤다(세다)', '헤아리다(헤아리다)'가 어떤 바탕을 갖고 있는지 알아보려면, 한국사람이 '혀'를 어떤 것으로 여겨왔는지 두루 살펴보아야 한다.

──── 생존에 가장 중요한 맛보기의 수단

사람들은 혀로 맛을 느낀다. 무엇이 혀에 닿으면 단맛, 신맛, 짠맛, 떫은맛, 매운맛 등이 느껴진다. 혀로 무엇의 맛을 느낄 수 있으면 어떤 맛을 가진 무엇이 되고, 무엇의 맛을 느낄 수 없으면 아무 맛도 갖지 않은 무엇이 된다.

사람들은 무엇이 혀에 닿아서 맛을 느끼는 것을 넘어, 스스로 어떤 것을 혀에 닿게 해서 맛을 본다. 어떤 것을 맛보는 일을 통해 목숨을 잇는 데 필요한 갖가지 먹거리를 찾고, 갖고, 만들고, 먹는 일을 할 수 있다. 그러니 세상을 살아가는 일에서 가장 중요한 것이 맛보는 일이라고 보아도 틀림이 없다.

혀로 무엇을 맛보아서 알아보는 것은 크게 네 가지가 있다.

첫째, 어떤 맛을 갖고 있는지 알아본다. 사람들은 무엇을 맛보는 일을 통해 먹을 수 있는 것과 먹을 수 없는 것을 가려야 한다. 이를 그르치면 먹을 수 없는 것을 먹어서 죽음에 이를 수도 있다.

둘째, 맛이 좋은 것과 맛이 나쁜 것을 알아본다. 맛이 좋은 것은 그냥 먹을 수 있지만, 맛이 나쁜 것은 맛을 좋게 만들어서 맛있게 먹을 수 있도록 해야 한다. 그러지 않으면 맛이 나빠서 버리게 될 수도 있다.

셋째, 맛이 든 것과 맛이 들지 않은 것을 알아본다. 맛이 들지 않은 것은 맛이 들 때까지 기다리거나, 아니면 그냥 버릴 수도 있다.

넷째, 맛이 가지 않은 것과 맛이 간 것을 알아본다. 어떤 것이 맛이 가서 먹을 수 없게 되면 그냥 버릴 수밖에 없다.

─── 혀로 간을 보고, 음식을 먹고, 말소리를 내며 어울려 살아가다

음식을 맛있게 만들려면 간을 잘 보아야 한다. 혀로 간을 보고, 짜거나 싱겁게 되지 않도록 간을 맞춘다. 간을 맞추는 데 쓰려고 만든 장이 간장이다.

사람들은 입안에 있는 음식을 씹거나 넘기거나 삼킬 때, 혀를 놀려서 이리저리 음식을 굴린다. 혀가 굳어서 놀릴 수 없으면 음식을 씹거나 넘기거나 삼키는 일을 할 수가 없다.

사람들은 소리를 내서 말을 할 때, 혀를 놀려서 이리저리 말소리를 만든다. 혀가 굳어서 놀릴 수 없으면 '가/카/사/자/차/나/다/타'와 같은 말소리를 낼 수가 없다. 혀를 뜻대로 놀릴 수 있어야 제대로 된 말소리로 하고 싶은 이야기를 할 수 있다.

사람들은 혀를 가지고, 몸 안에 있는 것과 몸 밖에 있는 것을 서로 만나게 한다. 이를테면 혀로 음식의 맛을 느낌으로써, 바깥에 있는 음식을 안으로 끌어당겨 먹도록 하는 일을 한다. 사람들은 혀가 맛으로 끌어당기는 힘에 기대어 먹고사는 일을 할 수 있다. '입맛이 당긴다', '입맛이 당기지 않는다'란 이를 두고 하는 말이다.

또한 사람들은 혀로 말소리를 냄으로써 안에 있는 생각을 바깥으로 드러내어 다른 이들과 뜻을 함께하도록 하는 일을 한다. 사람들은 혀가 말소리로 펼쳐내는 힘에 기대어서 더불어 함께 어울리는 일을 할 수 있다. 이와 같이 혀는 저마다 따로 살아가는 일을 할 때나, 더불어 함께 살아가는 일을 할 때도 매우 중요한 구실을 하는 기관이다.

─── 삶의 온갖 맛을 보며 세상살이를 헤아리다

사람들은 혀로 무엇을 맛보는 일을 바탕으로 어떤 것에 대한 앎을 열어간다. 뱃속의 아기는 혀로 엄마의 양수를 맛봄으로써 어떤 것에 대한 맛을 알아간다. 아기가 태어나면 젖을 빨면서 혀로 젖의 맛을 알아간다. 아기는 자라면서 혀로 여러 가지 음식의 맛을 새롭게 알아가는 한편으로, 여러 가지 말소리의 맛을 새롭게 알아간다.

혀를 놀려서 여러 가지 말소리를 낼 수 있게 되면 아기는 말을 배우고 쓰는 맛에 빠져든다. 아기는 말의 맛에 이끌려서, 혼자 있을 때도 갖가지로 말놀이를 하며 끊임없이 말을 배우고 익힌다. 아기는 말을 바탕으로 맛의 세계를 하나하나 깊고 넓게 만들어간다. 사람들이 아기에서 어린이로, 어른으로 자라는 과정은 온갖 것에 대한 맛의 세계를 더욱 깊고 넓게 만들어가는 과정으로 이어진다.

사람들은 세상을 살아가면서 갖가지로 좋은 맛, 싫은 맛, 달콤한 맛, 씁쓸한 맛, 즐거운 맛, 괴로운 맛, 행복한 맛, 불행한 맛 따위를 겪는다. 사람들은 살아가는 일이 맛으로 이루어지는 것으로 보아서 살맛이나 죽을맛을 말한다. 사람들은 저마다 살맛 나는 인생과 살맛 나는 세상을 꿈꾼다.

혀로 맛을 느끼고, 맛을 보는 일은 무엇을 어떤 것으로 알아보는 일에 바탕을 둔다. 한국사람은 이런 것에 뿌리를 두고, 무엇을 어떤 것으로 아는 일을 '혜다(혀+이+다)'라고 말하고, 무엇을 어떤 것으로 알아보는 일을 '혜아리다[(혀+이)+(알+이+다)]'라고 말해왔다.

먼저, 맛을 잣대로 무엇을 어떤 것으로 '혜는 일'은, 무엇이 어느 정도로 어떤 것인지 갈래를 나누어서, 무엇을 혜는(셈하는) 것이다. 이를테면 김치를 담글 때 간을 보아서 짜거나 싱거운 정도를 혜는 것은 김치의 간을 갈래로 나누어서 어느 정도로 어떠한지 아는 것을 말한다.

다음으로, 맛을 잣대로 무엇을 어떤 것으로 '헤아리는 일'은, 무엇이 어느 정도로 어떤 것인지 갈래를 나누어서, 무엇을 헤서(셈해서) 알아보는 것이다. 이를테면 시장에 물건을 내다 팔 때 시장이 돌아가는 상황을 이리저리 헤아리는(헤아리는) 것은 시장에서 언제 어느 정도로 값을 매겨서 사고팔아야 할지 이리저리 묻고 따져서 알아보는 것을 말한다.

한국말에서 '물'이 '무는 것'을 말하듯이, '혀'는 '혜는 것'을 말한다. 사람들은 '혀'로써 '혜는 일'과 '헤아리는 일'을 한다.

'혀'로써 '혜는 일'을 하는 것은 '늧'으로써 '느끼는 일'에 바탕을 두고 있다. 한국말에서 '늧(stimulus)'은 어떤 느낌이 일어나게 하는 빛, 소리, 냄새, 맛, 닿음과 같은 것을 말한다('늧'에 대한 더욱 자세한 설명은 이 책의 첫째 판 제4장 참고).

사람들은 무엇에서 비롯하는 맛이라는 '늧'을 '느끼는 일'을 통해 무엇을 어떤 맛으로 느껴서 알게 된다. 그리고 무엇을 어떤 맛으로 느껴서 알게 된 것을 바탕으로 무엇에 대한 '감'을 잡아서 무엇을 어떤 것으로 알아가게 된다. 이에 더하여, '늧'을 느끼는 일과 '감'을 감 잡는 일을 바탕으로 삼아 무엇을 어떤 것으로 '헤아리는' 일을 할 수 있게 된다. '늦'과 '느끼다', '감'과 '감 잡다', '혜'와 '헤아리다'는 한국사람이 무엇을 어떤 것으로 알아가는 일에서 지도리(돌쩌귀)와 같은 구실을 하고 있다.

06 그것이 알고 싶다
— 구멍·궁금하다

사람이 깨달음에 이르기 위해서는 어떤 것에 대해 깨달아가는 일을 잘할 수 있어야 하고, 그 일은 시작과 과정과 결과로 이루어진다. 어떤 것에 대해 깨달아가는 일은 궁금함을 느끼는 데서 비롯한다. 어떤 것에 대해 궁금함을 느끼는 일이 그것에 대해 묻는 일로 이어지고, 묻는 일이 그것에 대해 따지는 일로 이어지고, 따지는 일이 그것에 대해 풀어내는 일로 이어지고, 풀어내는 일이 그것에 대해 차리는 일로 이어질 때, 비로소 깨달음에 이를 수 있다. 따라서 깨달음에 이르기 위해서는 먼저 궁금해하는 일, 묻는 일, 따지는 일, 푸는 일, 차리는 일이 무엇인지 잘 알아야 한다.

──── **굼+굼+하다 ⇒ 궁금하다**

어떤 것에 대해 깨닫는 일은 그것에 대해 궁금함을 느끼는 일에서 비롯한다.

한국사람에게 '궁금함을 느끼는 일'이 어떠한 것인지 알기 위해 『표준국어대사전』에서 '궁금하다'를 찾아보면 "무엇이 알고 싶어 마음이 몹시 답답하고 안타깝다"로 풀이되어 있다. 그러나 이는 궁금함을 느끼는 상태만을 풀어놓았을 뿐, 무엇 때문에 왜 궁금함을 느끼게 되는지에 대해서는 아무것도 알 수 없다.

한국사람이 배우고 쓰는 '궁금하다'는 '굼굼하다'에서 바뀐 낱말이다. '굼굼하다'는 '굼굼+하+다', 즉 '굼굼'이 어떠한 일로서 드러나 있는 것을 말하고, '굼굼'은 '굼+굼', 즉 '굼'에 '굼'을 더하여 '굼굼'하게 된 것을 말한다. '굼'은 구멍 또는 굴을 뜻하는 옛말이다. '굼'은 '구무'나 '구모', '구메'로도 일컬었다. 옛사람들은 한자 낱말인 공(孔), 혈(穴), 굴(窟), 롱(籠)과 같은 것을 '굼', '구무', '구모', '구메'로 새겨서 풀이했다. '굼굼'은 '굼'한 것을 '굼'한 것으로 느끼는 것을 말하고, '굼굼하다'는 '굼'한 것을 '굼'한 것으로 느끼는 것이 일로 드러나서 이루어지는 것을 말한다.

오늘날 한국사람은 어떤 것에서 속으로 깊이 들어가 있는 것을 '구멍'이라고 말한다. 빛이 닿지 않거나, 손이 닿지 않는 구멍 안쪽에 대해서는 알 수가 없다. 이런 까닭에 구멍을 마주하게 되면 구멍 안이 무엇으로 되어 있고, 구멍 안에 무엇이 있는지 등을 알고 싶어 하는 마음이 생겨난다.

정리하면, '굼굼하다'에서 온 '궁금하다'는 사람이 구멍(굼)을 구멍(굼)으로 느낌으로써, 구멍 안이 무엇으로 되어 있고, 구멍 안에 무엇이 있는지를 알고 싶어 하는 마음이 절로 생겨나는 것을 말한다. 이것이 어떤 것에 대해 궁금해하는 것의 바탕이라고 할 수 있다. 그런데 어떤 곳에 자리한 구멍을 구멍으로 느끼지 않고 지나쳐버리면, 구멍 안이 무엇으로 되어 있고, 구멍 안에 무엇이 있는지를 알고 싶어 하는 마음이 생겨나지 않는다. 이것이 어떤 것에 대해 궁금해하지 않는 것의 바탕이다.

한국사람은 어떤 것에 대해 알고 싶어 하는 마음이 생겨나는 것을 궁금증이라고 말한다. 궁금증에는 두 가지가 있다. 하나는 그냥 알아가는 것이 좋아서 생기는 궁금증이고, 다른 하나는 무언가를 하는 데 쓰기 위해 알아야 할 필요가 있어서 생기는 궁금증이다.

07

이보다 더 온전할 순 없다
— 만·많다

　어떤 것이 가득 들어 있거나 가득 차 있다고 여길 때 "어떤 것이 많다"라고 한다. '많다'를 잣대로 삼아, '많지 않은 것'을 '적다'라고 말한다. 사람들은 어떤 것은 많아야 한다고 생각하고, 어떤 것은 많지 않아야 한다고 생각하기 때문에 '많은 것'을 놓고 갖가지로 시름하게 된다.

　그런데 사람들은 무엇을 바탕으로 '많다'와 '적다'라는 말을 만들어 쓰는지 잘 알지 못한다. 이러니 '많다'와 '적다'라는 말을 입에 붙이고 살면서도, 어디까지가 많은 상태인지 잘 알 수가 없다. '많다'와 '적다'라는 말의 바탕을 살펴보면 다음과 같다.

　'많다'는 '만하다'가 줄어서 된 말이다. 옛사람들은 본디말인 '만하다'와 줄임말인 '많다'를 모두 썼는데, 오늘날에는 줄임말인 '많다'만 쓴다.

　'많다=만+하다'에서 '만'은 '나만/너만/이것만/저것만/사과만/

고양이만/바위만'에서 볼 수 있는 '~만'으로, 여럿이 함께하는 가운데 어떤 것을 따로 떼어서 가리키는 말이다. 이를테면 '나만'은 여러 사람 가운데 '나'를 따로 떼어서 가리키는 말이고, '고양이만'은 여러 동물 가운데 '고양이'를 따로 떼어서 가리키는 말이다.

'많다=만+하다'에서 '하다'는 '볼록하다/뭉툭하다/똑똑하다'에서 볼 수 있는 '~하다'로, 어떤 것이 어떠한 것으로서 드러나 있는 것을 가리키는 말이다. 이를테면 '볼록하다'는 '볼록'이 '볼록한 것'으로서 드러나 있는 것을 가리키고, '뭉툭하다'는 '뭉툭'이 '뭉툭한 것'으로서 드러나 있는 것을 가리킨다.

종합하면, '많다=만+하다'는 '만'이 '만한 것'으로서 드러나 있는 것을 가리키는 말이라고 할 수 있다.

사람들은 어떤 것에서 볼 수 있는 '볼록'이 '볼록한 것'으로서 드러나 온전해졌을 때 "어떤 것이 볼록하다"라고 하고, 어떤 것에서 볼 수 있는 '뭉툭'이 '뭉툭한 것'으로서 드러나 온전해졌을 때 "어떤 것이 뭉툭하다"라고 한다. 이와 마찬가지로 어떤 것에서 볼 수 있는 '만'이 '만한 것'으로서 드러나 온전해졌을 때 "어떤 것이 많다"라고 말하는 것이다. 이를테면 '먹을 만하다'나 '봐줄 만하다'와 같은 것이다.

정리하면, '많다=만+하다'는 '사과만/고양이만/바위만'에서 '~만'으로 일컫는 사과, 고양이, 바위와 같은 것이 '만한 것'으로서 드러나, 저마다 온전하게 되어 있는 것을 뜻한다. 이를테면 "사과가 많다"는 사과가 '만한 것'으로서 드러나, 온전하게 되어 있어서, 더할 수 없는 상태가 된 것을 말한다. 이런 까닭에 "사과가 많다(만+하다)"라는 것은 사과의 수량이 더할 수 없이 온전한 상태가 되었음을 뜻한다. 사람들은 사과가 '많다(만+하다)'라고 생각하게 되면, 사과에 대해서는 더 보태는 것을 바라지 않게 된다.

──── '만'을 만만하게 보면 안 되는 까닭

'많다=만+하다'의 '만'은 낱낱의 그것을 뜻하는 '마'와 바탕을 같이하는 말이다. 이때의 '마'는 '아마/얼마/설마' 할 때의 '~마'이다. '아마(아+마)'는 아직 또렷하게 알지 못하는 '마', '얼마(얼+마)'는 무엇이라고 어림할 수 있는 '마', '설마(설+마)'는 다만 짐작으로 그려볼 수 있는 '마'를 뜻한다. 즉, '~마'는 사람들이 어떤 것으로 일컫고자 하는 그것의 바탕을 가리키는 말이다.

사람들은 어떤 것의 바탕을 가리키는 바로 그것인 '~마'를 빌리고, 어떤 것의 '안'에 있는 그것만 따로 떼어서, 오로지 그것을 가리키는 '마+안=만'이라는 말을 만들어서, '사과만/고양이만/바위만'과 같은 말을 써왔다고 할 수 있다. '마'의 '안'을 뜻하는 '마+안'이 소리가 줄어서 '만'으로 되었다고 보는 것이다. 따라서 '사과만'이라고 할 때 '만'은 사과라는 것의 안에 있는 그것만 따로 떼어서 오로지 그것을 가리키는 것으로, '마'의 '안'이라고 할 수 있다.

한국사람은 어떤 것의 바탕을 가리키는 바로 그것인 '~마'를 빌려서, 사람들의 마음 안에 자리하고 있는 바로 그것을 '왜'라고 따져 물어왔다. 오늘날 사람들이 '왜'라고 말하는 것을 옛사람들은 '매'라고 했는데, 이때 '매'는 마음 안에 자리하고 있는 바로 그것이 무엇인지 따져서 묻는 말이다. "매(왜) 돈을 훔쳤느냐"라고 할 때 '매'는 '마+이'로, 어떤 것의 바탕을 일컫는 바로 그것인 '마'를 하나의 '이'로서 일컫는 말이다.

사람들은 어떤 것의 바탕이 되는 바로 그것이 무엇인지 알고 싶을 때, '매(마+이)'라고 따져 묻는다. '매(왜)'라고 묻는 것은 제가 저에게 '매(왜)'라고 묻는 일과, 제가 남에게 '매(왜)'라고 묻는 일로 나눌 수 있다.

사람들은 남에게 '매(왜)'라고 캐묻는 일을 반드시 이루어보고자 할 때, 제가 손에 '매'를 들고 남에게 '매'를 때리면서 '매(왜)'라고 묻는 일을 할 수도 있다. 옛날에는 나라에서 피의자를 심문할 때, 죄인으로 여기는 사람에게 '매(왜)'를 캐묻기 위해 '매'를 때리는 일을 예사로 했다. '매(왜)'라고 묻는 일과 그것을 위해 '매'로써 '매'를 때리는 일이 하나로 이어져 있음을 알 수 있다.

── 그냥 많은 것은 없다

어떤 것이 '만한 것'으로 드러나 온전히 '만한' 상태가 되면 더할 바가 없게 된다. 이를테면 밥이 '만한 것'으로 드러나 밥이 온전히 '만한' 상태가 되면, 사람들에게 이러한 밥은 더할 바가 없게 된다. 이런 까닭에 사람들이 무엇이든 '많다'라고 생각하면 더할 바가 없어져서, 더는 바라거나 이루려는 일을 하지 않는다. 하지만 무엇을 아무리 많이 갖고 있더라도 그것을 '많다'고 여기지 않으면, 많지 않은 부분을 채우기 위해 바라거나 이루려는 일을 이어가게 된다.

한국사람은 어떤 것에서 볼 수 있는 많은 상태가 더할 바 없는 정도를 넘어서면, 그때부터 "너무/지나치게/겁나게/조금/매우/아주/기차게/기똥차게 많다"와 같이 말한다. 무엇을 바탕으로 이러한 말을 하게 되는지 살펴보면 다음과 같다.

첫째, "사과가 너무 많다"는 사과가 많이 있는 것이 '만'의 울타리를 '넘어선 것으로서' 많이 자리하고 있음을 뜻한다.

둘째, "사과가 지나치게 많다"는 사과가 많이 있는 것이 '만'의 울타리를 '지나친 것으로서' 많이 자리하고 있음을 뜻한다.

셋째, "사과가 겁나게 많다"는 사과가 많이 있는 것이 '만'의 울타리를 '겁이 날 정도로 크게 넘어선 것으로서' 많이 자리하고 있음을 뜻한다.

넷째, "사과가 조금 많다"는 사과가 많이 있는 것이 '만'의 울타리를 '조금 더한 것으로서' 많이 자리하고 있음을 뜻한다.

다섯째, "사과가 매우 많다"는 사과가 많은 것이 바탕인 '매'에 '더한 것으로서' 많이 자리하고 있음을 뜻한다. '매우'는 '매+우', 즉 '매'의 '우'이며, 바로 그것을 가리키는 바탕인 '매'의 상태보다 위로 더 보태어져 있는 것을 말한다.

여섯째, "사과가 아주 많다"는 사과가 많은 것이 바탕인 '앗'에 '더한 것으로서' 많이 자리하고 있음을 뜻한다. '아주'는 '앗+우', 즉 '앗'의 '우'이며, 본래 가진 것의 바탕인 '앗'의 상태보다 위로 더 보태어져 있는 것을 말한다.

일곱째, "사과가 기차게 많다"는 사과가 많은 것이 보는 사람들이 '기가 찰' 정도로 많이 자리하고 있음을 뜻한다.

여덟째, "사과가 기똥차게 많다"는 사과가 많은 것이 보는 사람들이 '기통(숨통)이 찰' 정도로 많이 자리하고 있음을 뜻한다.

'많다(만+하다)'와 짝을 이루는 말은 '적다'이다. '적다'는 '쪽'에 바탕을 둔 말로, '쪽'은 '짝', '조금', '적다', '작다'와 뿌리를 같이한다. '많다(만+하다)'에서 '만'은 온전한 것을 가리키는 말이고, '적다'의 '쪽'은 온전하게 많은 것의 부분을 가리키는 말이다. 온전하게 많은 것이 나뉘면 이쪽이나 저쪽과 같은 쪽들이 생겨나고, 이러한 쪽들은 언제나 '적은 것'이나 '작은 것'으로서 자리하게 된다. 이것과 저것을 수량으로써 쪽을 나누면 '많다'와 '적다'라고 말하고, 크기로써 쪽을 나누면 '크다'와 '작다'라고 말한다.

08

세상에 그냥 되는 일은 없더라
— 되다·달라지다·바뀌다

'되다'는 무엇이 어떤 것으로 '되는 것'을 뜻하는 말이다. '되는 것'에는 크게 두 가지가 있다.

첫째, 무엇이 '그냥/절로/스스로' 어떤 것으로 되는 경우이다. 이를테면 하늘에서 비가 오게 되는 것, 나무에서 열매가 익게 되는 것, 아기가 자라서 어른이 되는 것, 대리가 승진해서 과장이 되는 것이 그러하다.

둘째, 무엇을 '되(됫박)'에 담아서 몇 되가 되는지 헤아리는 경우이다. 이를테면 '되'에 쌀, 콩, 물, 술과 같은 것을 담아서 한 되, 두 되 식으로 헤아리는 것이다.

'되다'는 '도+이+다'로 풀 수 있다.

'도+이+다'에서 '도'는 '이것도/저것도/나도/너도'에서 보듯이 이쪽과 저쪽 같게 된 것을 나타낸다. 이때의 '도'가 거듭된 것이 '또'이다.

'도+이+다'에서 '이'는 '꽃이다/낮이다/참이다'에서 보듯이 무엇이 어떻게 된 것을 나타낸다. '꽃이다'는 꽃이 된 것이고, '낮이다'는 낮이 된 것이고, '참이다'는 참이 된 것이다.

'도+이+다'에서 '다'는 '다다'에 바탕을 둔 말로, 모든 것이 다 끝맺음에 이른 것을 나타낸다.

이렇게 볼 때, '되다(도+이+다)'는 무엇이 어떤 것이 되어서 온전히 끝맺음에 이른 것을 나타내는 말이라고 할 수 있다.

한 걸음 더 들어가면, '되다(도+이+다)'는 바탕을 이루는 무엇이 전제된 상태에서 어떤 것이 그것과 같게 된 것을 뜻한다. 이를테면 고등학생임이 전제된 상태에서 '나/너/그'가 고등학생과 같게 되면 "나도/너도/그도 고등학생이다"라고 말한다. '되(됫박)'에 무엇을 담아서 몇 되인지 헤아릴 때도 마찬가지이다. '되'라는 것이 전제된 상태에서 쌀이나 술을 담고 그 양이 한 되와 같게 되면, 이를 헤아려서 "이것은 한 되이다"라고 말한다.

정리하면, '되다'는 무엇이 어떤 것으로 되어가는 과정과 결과를 아우르는 말이다. '되는 것'의 과정은 '그렇게 되어가는 일'이고, 결과는 '그렇게 된 것'이다. 이를테면 얼음이 녹아서 물이 될 때, 얼음이 물로 되는 과정은 '물로 되어가는 일'이고, 얼음이 물로 되는 과정의 결과인 물은 '물로 된 것'이다. '물로 되어가는 일'을 빌려서 '물로 된 것'이 나타나게 된다.

함께하지 않으면 무엇도 될 수 없다

무엇이 어떤 것으로 되어가는 과정은 언제나 무엇이 다른 것을 만나 함께함으로써 이루어진다. 이때 이쪽의 무엇과 저쪽의 다른 것은 반드시 함께하는 관계에 놓인다.

이를테면 얼음이 녹아서 물이 되는 것은 얼음이 '그냥/혼자서/저절로' 되는 일이 아니라, 얼음의 쪽과 열기의 쪽이 함께해서 얼음이 녹는 일이 일어나야 한다. 그런데 "얼음이 녹아서 물이 된다"라는 말에는 얼음의 쪽을 녹게 만든 열기의 쪽이 빠져 있다. "얼음이 녹아서 물이 된다"라고 하면 얼음이 '그냥/혼자서/저절로' 녹아 물이 되는 것처럼 보여서, 얼음과 열기가 이쪽과 저쪽으로서 함께하고 있음을 놓치기 쉽다.

한국사람은 얼음이 녹아서 물이 되는 것을 "얼음이 열기로/열기에 녹아서 물이 된다", "얼음이 열기로/열기에 녹으면 물이 된다", "얼음이 열기로/열기에 녹으니까 물이 된다"와 같이 여러 가지로 말할 수 있다. 이때 눈여겨볼 것은 한국말이 얼음의 쪽과 열기의 쪽이 함께하고 있음을 강조하는 방식으로 차려진다는 것이다. 이는 영국말이나 중국말과 매우 다른 점이다.

한국사람은 무엇이 어떠한 것으로 되는 일에서, 무엇과 다른 것이 언제나 늘 이쪽과 저쪽으로서 함께하고 있음을 바탕으로 삼아서, 누리의 모든 것이 늘 이쪽과 저쪽으로서 함께하는 것으로 바라본다. 모든 것은 쪽과 쪽의 만남에 바탕을 두고 언제나 끊임없이 어떤 것으로 되어간다.

무엇이 다른 것과 이쪽과 저쪽으로서 함께하여 어떤 것으로 되어가는 것을 알아보는 것은 크게 세 가지가 있다.

첫째, 무엇이 다른 것을 만나서 '어떤 꼴로 ~게 되어가는 것'이다. 이를테면 "단풍잎의 빛깔이 붉어지게 되었다", "그의 어깨가 우람해지게 되었다", "교실의 바닥이 깨끗해지게 되었다" 등이 그러한 예이다. 누리에 꼴로 드러나 있는 모든 것은 이와 같이 되어가는 과정을 거쳐서 나타난 것이다.

둘째, 무엇이 다른 것을 만나서 '어떤 일로 ~게 되어가는 것'이다. 이를테면 "나는 마침내 집에 가게 되었다", "그녀는 올림픽에 나가게 되었다", "그는 결혼을 하게 되었다" 등이 그러한 예이다. 누리에 일로 벌어지는 모든 것은 이와 같이 되어가는 과정을 거쳐서 나타난 것이다.

셋째, 무엇이 다른 것을 만나서 '어찌함으로써 ~이 되어가는 것'이다. 이를테면 "올챙이가 자라서 개구리가 되었다", "그는 노력해서 유능한 인재가 되었다", "그는 본분을 지켜서 군인다운 군인이 되었다" 등이 그러한 예이다. 누리에 어떤 것으로 자리한 모든 것은 이와 같이 되어가는 과정을 거쳐서 나타난 것이다.

얼음이 녹아서 물이 되는 것이 얼음의 쪽과 열기의 쪽이 함께하여 얼음이 녹는 일이 일어남으로써 물이 되는 것임을 또렷이 알게 되면, 얼음에 열기를 더해서 얼음을 녹게 만드는 일로 나아갈 수 있게 된다. 이것이 바로 사람이 무엇이 어떤 것으로 되는 것의 바탕과 까닭을 깊고 넓게 앎으로써 사물을 다룰 수 있는 힘을 갖게 되는 이치이다. 사람이 열기의 쪽을 가지고 얼음의 쪽을 녹게 만드는 일로 나아갈 수 있으면, 얼음과 물을 생각이 미치는 대로 다룰 수 있게 된다. 이로써 사람은 이쪽의 것과 저쪽의 것을 함께 어울러서 어떤 것을 이리저리 새롭게 만들어내는 힘, 즉 창의성과 창의력을 갖게 된다.

무엇이 어떤 것으로 되는 것의 바탕과 까닭을 깊고 넓게 알게 되면, 내가 나를 어떤 것으로 알아보고, 내가 나를 어떤 것으로 만드는 일에 눈을 뜨게 된다. 이로써 나는 내가 다른 것을 어떻게 하고자 하는 일을 넘어서, 내가 나를 어떻게 하고자 하는 일로 나아간다. 즉, 나는 내가 누구인지 느끼고, 알고, 바라고, 이루는 일을 하게 된다. 이로써 나는 나에 대한 바람을 바탕으로 나를 이루고, 허물고, 지키고, 고치고, 바꾸고, 높이고, 낮추는 나름의 임자로 살아가고자 한다.

한국사람은 누리의 모든 것이 쪽과 쪽으로 함께해서 어떤 것으로 되어가는 것으로 보기 때문에, '나'도 하나의 쪽으로서 다른 것과 함께하는 존재로 여긴다. 나의 쪽과 남의 쪽이 함께 어울려서 하나의 '우리'를 만든다고 보아서, 내가 낳은 아들을 '우리 아들', 내가 다니는 학교를 '우리 학교', 내가 사는 나라를 '우리 나라', 내가 사는 세상을 '우리 세상'으로 말한다. 나는 하나의 쪽으로서 '우리'를 터전으로 삼아 살고 죽는다.

　한국사람은 '나'를 하나의 쪽으로 바라보기 때문에, 나를 지키고 이루는 것은 곧 나의 쪽을 지키고 이루는 일이다. 이런 까닭에 나의 쪽을 지키지 못하고 남에게 팔려서 사라지게 되는 것을 무엇보다 싫어한다. 내가 허물어지거나 망가지는 것을 '쪽팔린다'라고 말하는 것도 이 때문이다. 어떤 이들은 '쪽팔리는 것'을 죽기보다 싫어한다. 그리고 제가 가진 저의 쪽을 잘 지키고 이룬 사람을 높여서 '이분/저분/그분'으로 부른다. 이때의 '분'은 사람들이 저마다 갖고 있는 쪽을 뜻하는 말이다.

──── 누리의 모든 것은 달라지게 되고, 바뀌게 되나니

　한국말에서 무엇이 어떤 것으로 되는 것은 무엇이 어떻게 달라지는 과정과, 그 결과로 무엇이 어떤 것으로 바뀌는 것을 아우르는 말이다. 이런 까닭에 무엇이 어떤 것으로 되는 것과, 무엇이 어떻게 달라지는 것과, 무엇이 어떤 것으로 바뀌는 것은 뜻이 서로 맞닿아 이어진다. 한국사람은 이를 바탕으로 한자 낱말인 '化(화)'와 '變(변)'과 '易(역)'을 새겨서, 무엇이 어떤 것으로 되는 것을 '化'로 풀었고, 무엇이 어떻게 달라지는 것을 '變'으로 풀었고, 무엇이 어떤 것으로 바뀌는 것을 '易'으로 풀었다.

　한국말에서 되는 것을 뜻하는 '化'와 달라지는 것을 뜻하는 '變'과 바뀌는 것을 뜻하는 '易'은 사물이 생겨나고 흩어지고 사라지는 것을 담아내는 일에서 매우 중요한 낱말이다. 누리의 모든 사물은 '化-되는 것'이라는 바탕 위에서 끊임없이 '變-달라지는 것'과 '易-바뀌는 것'으로 벌어지고 있기 때문이다.

한국말에서 '化, 變, 易'에 바탕을 둔 한자 낱말로는 變易(변역), 變化(변화), 敎化(교화), 接化(접화), 體化(체화), 深化(심화) 등이 있다.

變易은 한국말에서 '변역하다'로 쓰이며, 달라짐을 뜻하는 變과 바뀜을 뜻하는 易으로 이루어져 있다. '변역하다'는 무엇이 다른 것과 함께해서 달라지는 일이 일어남으로써, 무엇이 어떤 것으로 바뀌거나 무엇이 어떤 것을 바꿈을 뜻한다.

變化는 한국말에서 '변화하다', '변화되다'로 쓰이며, 달라짐을 뜻하는 變과 됨을 뜻하는 化로 이루어져 있다. '변화하다'는 무엇이 다른 것과 함께함으로써 어떤 것으로 달라짐을, '변화되다'는 무엇이 다른 것과 함께함으로써 어떤 것으로 달라지게 됨을 뜻한다. '변화하다', '변화되다'를 줄여서 '변하다'라고 많이 쓴다.

敎化는 한국말에서 '교화하다', '교화되다'로 쓰이며, 가르침을 뜻하는 敎와 됨을 뜻하는 化로 이루어져 있다. '교화하다'는 누가 어떤 이를 가르쳐서 어떤 사람으로 달라지게 함을, '교화되다'는 누가 어떤 이에게 가르침을 받아서 어떤 사람으로 달라지게 됨을 뜻한다.

體化는 한국말에서 '체화하다'로 쓰이며, 몸을 뜻하는 體와 됨을 뜻하는 化로 이루어져 있다. '체화하다'는 무엇이 몸에 배어서 몸과 하나가 됨을 뜻한다.

深化는 한국말에서 '심화하다'로 쓰이며, 깊음을 뜻하는 深과 됨을 뜻하는 化로 이루어져 있다. '심화하다'는 무엇에 빠져드는 일이 깊이 쌓이게 됨을 뜻한다.

한국사람은 '變-달라짐', '易-바뀜', '化-됨'을 바탕으로 변역, 변화, 교화, 체화, 심화와 같은 개념을 끌어다가 온갖 것에서 볼 수 있는 온갖 일을 갖가지로 풀어낸다.

09

누리의 모든 것이 본질에 가까워질 때
— 아름·다움·답다·아름답다

'아름답다'는 '아름'과 '답다'로 이루어진 말이다. "꽃이 아름답다"는 것은 꽃이라는 '아름'이 '~다움'에 이른 것을 뜻한다. 따라서 '아름답다'가 무엇을 뜻하는 말인지 알려면 첫째, '아름'이 '~다움'에 이르는 것이 어떤 것인지 알아야 하고, 둘째, 임자가 어떤 잣대를 가지고 그러한 느낌을 갖는지 알아야 한다. 그러려면 '안', '알', '아름', '안다', '알다', '답다', '어울림', '그위' 등을 두루 살펴보아야 한다.

─── 무엇을 알아본다는 것

'안', '알', '아름', '안다', '알다'는 모두 같은 바탕에서 비롯된 말이다. '안'은 '밖'과 짝을 이루는 말로, '안'은 어떤 것의 안쪽을, '밖'은 어떤 것의 바깥쪽을 말한다. 어떤 것을 잣대로 안쪽과 바깥쪽을 갈라서 어떤 것에 속하는 것을 '안쪽', 어떤 것에 속하지 않는 것을

'바깥쪽'이라고 한다.

어떤 것을 안쪽과 바깥쪽으로 가르는 것은 안팎을 나누는 '금'을 좇아서 이루어진다. 안팎을 나누는 '금'의 안쪽은 닫혀 있고, 바깥쪽은 열려 있다. 그래서 사람들은 "금 바깥에서 안으로 들어간다" 또는 "금 안에서 바깥으로 나온다"라고 말한다.

'안'으로 닫혀 있는 어떤 것의 둘레를 에워싸고 있는 것을 '겉'이라고 한다. 어떤 것은 둘레를 에워싸고 있는 '겉'을 통해 밖으로 드러나게 된다. '~것'은 둘레를 에워싸고 있는 '겉'에 바탕을 둔 말로, '겉'으로 드러나 있는 무엇을 가리킨다.

'겉'에서 '안'으로 들어가 있는 쪽을 '속'이라고 한다. 어떤 것에서 '겉'은 밖으로 드러난 것이고, '속'은 안으로 들어간 것이다. 그런데 어떤 것의 '겉'과 '속'은 언제나 함께하는 까닭에 '겉'만 따로 있을 수도, '속'만 따로 있을 수도 없다.

'알'은 어떤 것의 '안'을 이루는 '겉'과 '속'을 아우르는 말이다. '겉'에 '속'이 들어 있으면 '알짜'라 하고, '겉'에 '속'이 비어 있으면 '쭉정이'라 한다. "알이 들었다", "알이 찼다", "알이 배었다"는 '속'이 들어 있는 것을 말한다.

'안다'는 임자가 팔을 벌려 어떤 것을 둘러싸서 '안'에 들어오게 하는 것을 말한다. 이를테면 엄마가 아기를 안는 것은 팔을 벌려 아기를 둘러싸서 품 안에 들어오게 하는 것이다.

'알다'는 임자가 어떤 것을 이루고 있는 '겉'과 '속'이 어떠한지 알아보는 것을 말한다. 이를테면 사람이 고래가 어떤 동물인지 알아보는 것은, '겉'으로 드러난 고래의 생김새와 움직임 등을 알아보는 것과 함께, '속'에 들어 있는 고래의 습성 등 속내를 알아보는 것을 말한다.

─── 본디의 바탕대로 다하고 다 된다는 것

'아름답다'는 '아름'이 '~다운 상태'에 이른 것을 일컫는 말이다. "꽃이 아름답다"는 '꽃'이 하나의 '아름'으로서 '꽃다운 상태'에 이르러 있음을 뜻한다.

'아름답다'에서 '아름'은 '알+음'을 소리 나는 대로 적은 것이다. '아름'은 저마다 따로 하는 낱낱의 '알인 것'을 뜻한다. 낱낱의 '알인 것'이 함께하는 일을 통해 온갖 일이 일어나고, 온갖 것이 생겨난다.

옛말에서 아름은 아룸과 더불어 '사(私)' 또는 '사사(私事)'를 뜻했다. 이두에서는 '사사로이'를 '사정(私丁)', '사음정(私音丁)'으로 쓰고 '아람져', '아룸뎌'로 읽었다. 그리고 『신증유합』에서는 '사(私)'를 '아룸 사(私)'로 새겼다. 옛사람들은 '사유물(私有物)'을 '아룸 것', '사실(私室)'을 '아룸 집', '사전(私田)'을 '아룸 밭', '사사(私事)'를 '아룸 일', '사의(私意)'를 '아룸 뜯'으로 일컬었다.

'아룸 사(私)'에서 '아룸'은 저마다 나름으로 생각하고 행동하는 낱낱의 임자를 가리킨다. 그런데 조선시대에 한문지식인들이 '아름'보다 '사(私)', '사사(私事)', '사사롭다'를 즐겨 쓰면서, 낱낱의 임자를 뜻하는 '아름'은 점차 쓰이지 않게 되었다.

'아름답다'에서 '~답다'는 '다하다'와 '다 되다'에 바탕을 둔 말로, 어떤 것이 '다하는 일'을 통해 '다 된 것'에 이른 것을 말한다. "이것은 꽃답다"는 '이것'이 하나의 꽃으로서 '다하는 일'을 통해, 하나의 꽃으로서 '다 된 것'에 이른 것을 뜻한다.

'~답다'는 '다하는 일'과 '다 되는 일'이 함께하는 일이기에, 어떤 것이 본디 그렇게 되어야 하는 것에 바탕을 두고 있다. 이를테면 사람이 사람답게 되는 것은 사람이 사람으로서, 본디 그렇게 되어야 하는 것에 바탕을 두고 있다. 이런 까닭에 사람들은 '아이답다', '어른답다'라는 말은 잘 쓰지만 '바보답다', '거지답다'라는 말은 잘 쓰지 않는다. '아이'와 '어른'은 본디 그렇게 되어야 하는 바탕을 갖고 있지만, '바보'와 '거지'는 그렇지 않기 때문이다.

본디 그렇게 되어야 하는 바탕 위에서 '다하는 일'과 '다 되는 일'이 함께 이루어지면, "무엇이 무엇답다" 또는 "무엇이 아름답다"라고 말한다. "무엇이 무엇답다"는 무엇이 무엇으로서 '다움'에 이른 것에 힘을 주는 말이고, "무엇이 아름답다"는 무엇이 저마다 따로 하는 낱낱의 '아름'으로서 '다움'에 이른 것에 힘을 주는 말이다.

아름다움은 함께 어울린다는 것

사람들은 어떤 것을 이루고 있는 이쪽과 저쪽이 함께 잘 어울려 있다고 여기면, 그것을 '아름답다'라고 말한다. 이를테면 어떤 꽃의 빛깔, 크기, 모양 등이 이쪽과 저쪽으로 함께 잘 어울려 있다고 여기면 그 꽃을 '아름답다'라고 말한다.

어떤 것을 '아름답다'라고 말하는 것은 그것을 이루는 이쪽과 저쪽을 함께 어울러서 하나의 '아름'으로 바라볼 수 있기 때문이다. 사람들은 어울림을 바탕으로 삼아, 어떤 것이 하나의 '아름'을 잘 이루고 있다고 여기면 '아름답다'라고 말한다.

한국사람은 이쪽과 저쪽을 함께 어울러서 하나의 아름으로 바라볼 수 있게 하는 잣대를 '그위'라고 불렀다. 예전에는 '공(公)'을 '그위 공'으로 새겼는데, '그위'는 모두가 함께하는 '공공(公共)'의 잣대로, 그 아래에 있는 모든 것을 하나로 어우르고 아우른다.

한국사람은 '그위'라는 잣대를 갖고 있기 때문에, 그 아래에 있는 모든 것을 하나의 '아름'으로 어우르고 아울러서 '아름답다'라고 말할 수 있다. 눈으로 볼 수 있는 꽃, 나무, 산, 호수와 같은 것을 아름답다고 말하는 것은 물론이고, 눈으로 볼 수 없는 뜻, 생각, 꿈, 마음과 같은 것도 아름답다고 말한다.

10

우리는 모두 무엇이 되고 싶다
— 이름·일컬음

  사람들은 느끼고, 알고, 바라고, 이루는 일의 대상이 되는 어떤 것에 '이름'을 붙여서 '무엇'이라고 부른다. 이를테면 풀, 나무, 해, 달, 나비, 벌, 닭, 고래, 사람, 그릇, 집, 자동차, 비행기 등으로 부르는 것이다.

  어떤 것을 '무엇'으로 부르는 것은 이런 것과 저런 것을 갈라서 이름을 붙이는 일에 바탕을 둔다. 이를테면 풀, 나무, 해, 달, 나비, 벌 등은 모두 이런 것과 저런 것을 갈라서 이름을 붙인 것이다. 이와 같이 무리로써 갈래를 나눠 이름을 붙이면 적은 수의 이름으로 수많은 낱낱의 것들을 싸잡아서 일컬을 수 있다. 이를테면 강아지풀, 개망초, 괭이밥, 도깨비바늘, 명아주, 부들, 질경이 등 풀의 무리에 속하는 모든 것을 하나로 싸잡아서 '풀'이라는 이름으로 일컬을 수 있다. 이런 까닭에 어떤 것에 이름을 붙이는 일과 어떤 것을 무리로 나누는 일은 언제나 짝처럼 서로 붙어 다닌다.

오로지 어느 하나만 일컬어야 할 때는 낱낱의 것에 낱낱의 이름을 붙여서 부른다. 이를테면 해, 달, 하늘은 오직 하나만 있기 때문에 낱낱의 것에 이름을 다르게 붙여서 해, 달, 하늘이라고 부른다. 또한 어느 하나만 따로 부르고자 할 때는 낱낱의 것에 따로 이름을 지어서, 서로 다르게 부른다. 이때 낱낱의 이름은 무리에 속해 있는 어떤 것을 저마다 따로 가리킨다. 이를테면 홍길동은 사람 가운데 홍길동을, 백두산은 산 가운데 백두산을, 석가탑은 탑 가운데 석가탑을 따로 일컫는 이름이다.

'이름'과 '일컫다'는 모두 '일'에 바탕을 둔 말로, 이름으로 일컫는 일이 어떠한 것인지를 잘 보여준다. '이름'의 옛말은 '일훔', '일홈'이며 '어떤 일이 되게 하는 것'을 뜻하고, '일컫다'의 옛말은 '일칸다', '일간다'이며 '어떤 일과 같은 것'을 뜻한다. 이를테면 '무엇'을 '지게'라는 이름으로 일컫는 것은 사람들이 '무엇'에 '지는 일이 되게 하는 것=지게'라는 이름을 붙임으로써, '무엇'을 '지는 일과 같은 것=지게'로 일컫는 것이다. 마찬가지로 사람들은 파랗게 빛나는 일을 바탕으로 '무엇'을 '파래'라 일컫고, 개굴개굴 우는 일을 바탕으로 '무엇'을 '개구리'라고 일컫는다.

이름 짓기: 보이는 대로, 바라는 대로

어떤 것의 이름을 짓는 일은 허투루 이루어지지 않는다. 어떤 것에서 볼 수 있는 여러 가지 일 가운데 가장 으뜸이 되는 일을 잣대로 삼아서 짓는다. 이를테면 어떤 것에서 볼 수 있는 여러 가지 일 가운데 '지는 일'을 으뜸으로 보게 되면 '지게'라는 이름을 지어서 부르고, '쓴맛이 나는 일'을 으뜸으로 보게 되면 쓸개라는 이름을 지어서 부른다. 이런 까닭에 사람들이 부르는 이름을 살펴보면 그 이름을 지은 이들이 그것에 대해 어떤 생각을 갖고 있었는지 잘 알아볼 수 있다.

이름을 지어 부르는 방식은 크게 두 가지로 나뉜다.

첫째, 어떤 것에서 볼 수 있는 일을 가지고 이름을 짓는 것이다. 이를테면 어떤 것에서 볼 수 있는 '짐을 지는 일'을 가지고 '지게'라 이름 짓고, 어떤 것에서 볼 수 있는 '쓴맛이 나는 일'을 가지고 '쓸개'라 이름 짓는다.

둘째, 어떤 것에서 일어나기 바라는 일을 가지고 이름을 짓는 것이다. 이를테면 어떤 사람에게 슬기로운 사람이 되는 일이 일어나기를 바라는 뜻에서 '슬기'라는 이름을 지어서 부르고, 어떤 개에게 복스럽고 순한 개가 되는 일이 일어나기를 바라는 뜻에서 '복순이'라는 이름을 지어서 부른다.

대부분은 첫째와 같이 어떤 것에서 볼 수 있는 일을 바탕으로 삼아서 이름을 짓는 까닭에, 그 이름에는 반드시 어떤 것과 다른 것이 함께하는 일이 깃들어 있다. 이를테면 '지게'라는 이름에는 '짐을 지는 지게'와 '짐을 지는 사람'이 함께하는 일이 깃들어 있고, '쓸개'라는 이름에는 '쓴맛이 나는 물질'과 '쓴맛을 느끼는 사람'이 함께하는 일이 깃들어 있다.

한편, 어떤 것을 이름으로 일컫는 일이 어떻게 이루어지는지 살펴보면, 그 사람들이 세상을 알아보는 방식이 잘 드러난다. 이를테면 한국사람이 몸, 마음, 머리, 물, 불, 땅, 해, 달, 별, 하늘, 바다와 같은 이름으로 일컫는 일이 어떻게 이루어지는지 살펴보면, 그들이 세상을 알아보는 방식이 어떠한지가 잘 드러나는 것이다. 이는 다른 말을 쓰는 다른 나라 사람들도 마찬가지이다.

오늘날 한국사람은 옛사람들이 지어놓은 갖가지 이름을 매우 가볍게 여긴다. 물, 불, 땅, 해, 달, 별, 하늘, 바다와 같은 이름을 그냥 배우고 쓰는 데 그칠 뿐, 그런 이름들이 어떻게 지어져서 어떻게 지금에 이르렀는지 알고 싶어 하지 않는다. 이런 탓에 지금 사람들은 옛사람이 쓰던 말과 이름은 물론이고, 옛사람이 가졌던 말과 생각에 매우 어둡다.

이를테면 한국말에서 물은 '물이 다른 것을 무는(물리게 하는) 일'에 바탕을 둔 이름이고, 불은 '불이 다른 것을 부는(불어나게 하는) 일'에 바탕을 둔 이름이며, 땅은 '다른 것이 닿는(닿게 하는) 일'에 바탕을 둔 이름이고, 해는 '다른 것이 하는(일어나게 하고/자라나게 하는) 일'에 바탕을 둔 이름이며, 달은 '다른 것을 다는(달아보게 하는) 일'에 바탕을 둔 이름이다. 이처럼 이런 이름들이 왜 그런 뜻을 갖는지는 그 말의 바탕을 곰곰이 살펴보면 한국사람 누구나 어렵지 않게 알 수 있다.

11

다 함께 그 이름을 불러주기 전에는
— 무엇·가르다·가리키다

무엇을 어떤 이름으로 일컫는 일은 여러 가지가 어우러져서 이루어진다. 먼저, 가리키고자 하는 '무엇'이 있어야 하고, 다음으로는 그것을 '어떤 이름'으로 일컬을 수 있어야 하며, 마지막으로 그것에 어떤 이름을 지어서 붙이는 일과 '그렇게 불러주는 일'이 있어야 한다. 이를 나눠서 살펴보면 다음과 같다.

첫째, 무엇을 어떤 이름으로 일컫는 것은 마주하는 무엇에 바탕을 두고 있다. 마주하는 무엇이 없으면 무엇을 이름으로 일컫는 일이 일어나지 않는다.

둘째, 무엇을 어떤 이름으로 일컫는 것은 마주하는 무엇을 어떤 이름으로 일컬을 필요가 있을 때 생겨난다. 무엇을 마주하더라도 그것을 일컬을 필요가 없으면 무엇을 이름으로 일컫는 일이 일어나지 않는다.

셋째, 무엇을 어떤 이름으로 일컫는 것은 무엇을 어떤 것으로 알아보는 일에 바탕을 두고 있다. 마주하는 무엇을 일컬을 필요가 있더라도, 그 무엇을 어떤 것으로 알아보는 일이 없으면 이름을 지어서 부르는 일이 일어나지 않는다.

무엇을 어떤 것으로 알아보는 것은 '무엇'과 '어떤 것'을 같게 여기는 일에서 비롯된다. 이를테면 무엇을 사과로 알아보는 것은, 무엇과 사과를 같게 여겨서, 무엇을 사과로 알아보게 되는 것이다.

한 걸음 더 들어가면, 무엇을 사과로 알아보는 것은, 무엇을 사과라는 무리로 갈라서, 무엇을 사과라는 무리와 같게 여김으로써, 사과로 무엇을 가리키는 것을 말한다. 이는 한국말 '무엇'과 '가르다'와 '가리키다'에 잘 드러나 있다.

'무엇'은 뭇, 무릇, 무리, 묻다와 뿌리를 같이하는 말이다. '무엇'은 어떤 것이 속하는 무리가 무엇인지 묻는 것을 뜻한다. '가르다'는 무엇을 어떤 무리로 갈라서 나누는 것을 뜻하고, '가리키다'는 무엇을 어떤 무리로 갈라서 무엇을 집는 것(point out)을 뜻한다. 사람들은 '무엇'과 '가르다'와 '가리키다'를 바탕으로, '무엇'을 '무리'로 갈라서, '무엇'으로 가리켜서 알아본다.

사람들은 무엇에 대해 알아본 것을 바탕으로, 무엇이 잘 드러날 수 있는 이름을 짓고자 한다. 이렇게 하면 무엇의 이름만 들어도 그것이 어떤 것인지 잘 알아볼 수 있기 때문이다. 이런 까닭에 사람들은 무엇에서 볼 수 있는 것들 가운데, 언제나 늘 볼 수 있는 것을 가지고 이름을 짓는다. 이를테면 늘 파란빛을 띠고 있는 것을 '파래'라 이름 짓고, 늘 검은빛을 띠고 있는 것을 '검정'이라 이름 짓는다.

어떤 이름을 짓는 일은 혼자서도, 여럿이도 할 수 있다. 그러나 어떤 이름을 부르는 일은 다 같이 해야 한다. 사람들이 어떤 이름으로 다 같이 불러주어야 이름으로 구실할 수 있기 때문이다. 그래서 사람들이 다 같이 함께 불러온 이름 속에는 그것을 함께해 온 모든 사람의 슬기가 하나로 어우러져 있다.

넷째 판

한국말로
인문학 하기

01 '것'에 대하여 1 - 것·이것·저것·그것

02 '것'에 대하여 2 - '것'과 한국사람의 존재론

03 어느 것이냐 아무것이냐 그것이 문제로다 - 어느 것·아무것

04 한국의 양자역학 - 있다·있지 아니하다·없다

05 말이라고 다 말인가, 말 같아야 말이지 - 말·말씀

06 한국말의 특징: 이름말과 풀이말 1 - 쓸개·쓰다·벌·벌다·나비·납작하다·파리·팔팔하다·잠자리·잠잠하다

07 한국말의 특징: 이름말과 풀이말 2 - 활·활짝·살·살짝

08 한국말의 논리 - 밖·안·겉·속·참말·거짓말

09 깨달음으로 이끄는 단 하나의 물음 - 이·뭣·고

10 조상의 빛난 얼을 오늘에 되살려 - 얼·얼치기·얼다

01
'것'에 대하여 1
— 것·이것·저것·그것

사람들은 말로 생각을 펼쳐서 무엇을 느끼고 알아간다. 그런데 어떤 말로 생각을 펼치느냐에 따라 무엇을 느끼고 아는 일이 조금씩 달라질 수 있다. 이를테면 한국말과 중국말과 영국말처럼 말의 차림새가 다르면, 각각의 말을 쓰는 사람들이 무엇을 느끼고 아는 일에서도 얼마간 다름이 생겨난다.

한국말로 무엇을 느끼고 아는 일은 '것'에 바탕을 두고 있다. '것'은 사람들이 말로 생각할 수 있는 모든 것, 즉 모든 존재를 담아낼 수 있는 말이기 때문이다. '이것'과 '저것', '있는 것'과 '없는 것', '있다고 말할 수 있는 것'과 '있다고 말할 수 없는 것' 등등, 사람들은 존재로 여길 수 있는 모든 것을 '것'에 담아서 어떠한 것으로 말할 수 있다.

'것'으로 존재를 담아내는 일은 크게 네 가지로 이루어진다.

첫째, 마주하거나 그려보는 어떤 존재(요것, 이것, 저것, 그것, 고것),

둘째, 꼴을 가진 어떤 존재(흰 것, 검은 것, 단 것, 쓴 것, 빠른 것, 느린 것), 셋째, 일을 가진 어떤 존재(사는 것, 죽는 것, 입는 것, 먹는 것, 파는 것, 잡는 것), 넷째, 이름을 가진 어떤 존재(풀인 것, 나무인 것, 사슴인 것, 사람인 것, 일인 것, 장난인 것)가 그것이다.

이것, 저것, 그것

사람들은 어떤 것을 '이것', '저것', '그것'으로 마주하거나 그려 봄으로써 그 존재에 대해 알아간다. '이것', '저것', '그것'을 구분하는 기준은 어떤 것이 드러난 '때'와 '곳'이다. 즉, '이것'은 '이때 이곳', '저것'은 '이때 저곳', '그것'은 '그때 그곳'에 드러난 어떤 것을 말한다.

사람들은 이때 이곳에 '이것'으로 마주한 어떤 것에 기대어서, 이때 저곳에 드러난 어떤 것을 '저것'으로 마주하게 되고, 그때 그곳에 드러난 어떤 것을 마음 안에서 '그것'으로 그려보며 '그것'에 대해 알아간다. 사람들은 마음 안에서 그려보는 '그것'을 바탕으로, '이것'이나 '저것'으로 마주할 수 없는 온갖 '그것'들로 나아갈 수 있다.

'이것', '저것', '그것'을 마주하거나 그려보고, 어떠한 것으로 알아가는 일은 크게 네 가지로 나뉜다.

첫째, 어떠한 꼴을 가진 것으로 알아가는 일("이것은 빛깔이 파랗다", "저것은 빛깔이 파란 것이다"), 둘째, 어떠한 일을 가진 것으로 알아가는 일("이것은 빠르게 움직인다", "그것은 빠르게 움직일 것이다"), 셋째, 어떠한 이름을 가진 것으로 알아가는 일("저것은 소나무이다", "그것은 소나무일 것이다"), 넷째, 어디에 있는 것으로 알아가는 일("이것은 책상 위에 있다", "저것은 책상 밑에 있다")이 그것이다.

02
'것'에 대하여 2
— '것'과 한국사람의 존재론

'것'에 바탕을 두고 무엇을 느끼고 아는 일이 어떻게 이루어지는지 살펴보면, 한국말과 한국사람의 저 밑바탕에 자리한 관계론과 존재론의 특징이 잘 드러난다.

이때 이곳에 이것이 있다

사람들이 생각을 펼쳐서 어떤 것을 느끼고 아는 일은, '느끼고 아는 일'을 하는 임자인 '내'가 '느끼고 아는 일'의 대상인 '어떤 것'을 마주하고, '내'가 "이때 이곳에 이것이 있다"라고 생각한 것을 말하는 일로써 이루어진다.

"이때 이곳에 이것이 있다"는 그렇게 생각하는 임자인 '나'와, 그렇게 생각해서 그렇게 말하는 나의 '일'을 지우고, 그냥 "이때 이곳에 이것이 있다"라고 말한 것이다. 즉, "내가 '이때 이곳에 이것이 있다'라고 생각해서 '이때 이곳에 이것이 있다'라고 말한 것"을

"이때 이곳에 이것이 있다"라고 줄인 것이다.

"이때 이곳에 이것이 있다"라고 할 때 '이때'와 '이곳'은 말로 생각을 펼치는 '내'가 자리하고 있는 '때'와 '곳'을 가리킨다. 말로 생각을 펼치는 '나'는 언제나 '이때' '이곳'에 자리한다. '나'는 '이때' '이곳'에 자리해서 이미 '지나간 것'을 생각할 수도 있고, 앞으로 '다가올 것'을 생각할 수도 있다.

'이때' '이곳'에 자리한 '나'는 말로 생각을 펼쳐서, 이미 '지나간 것'과 앞으로 '다가올 것'으로 나아간다. '나'는 이렇게 함으로써 수십억 년 전에 지나간 것, 수십억 년 뒤에 다가올 것과 함께할 수 있다. 이런 까닭에 '이때' '이곳'에 자리한 '내'가 사라지면 '지나간 것'과 '다가올 것'으로 나아가는 일도 사라진다. '나'와 '이것'은 언제나 '이때' '이곳'에 자리하고 있다.

"이때 이곳에 이것이 있다"라고 할 때 '이것이'는 '이때' '이곳'에서 느끼고 아는 일을 하는 '내'가 마주하고 있는 '어떤 것'을 가리킨다. '내'가 '이때' '이곳'에 자리하는 까닭에, '내'가 마주하는 '어떤 것'도 '이때' '이곳'의 '이것'으로 자리하게 된다. '나'는 '어떤 것'을 '이것'으로 마주할 수 있어야 '어떤 것'을 느끼고 아는 일로 나아갈 수 있다.

'이것이(이+것+이)'에서 앞의 '이'는 '이때' '이곳'을 나타낸다. '이때' '이곳'에 자리한 '내'가 '어떤 것'을 마주하면 '어떤 것'이 '이것'으로 드러나게 된다. '이것'이라는 말에는 '이때' '이곳'이라는 뜻이 담겨 있기 때문에 대부분은 그냥 "이것이 있다"라고 줄여서 말하며, '이때'와 '이곳'을 또렷이 드러내야 할 때만 "이때 이곳에 이것이 있다"라고 말한다.

'이것이(이+것+이)'에서 뒤의 '이'는 '어떤 것'이 가진 구실을 나타낸다. '이것'에 '이'가 붙어서 '이것이'가 됨으로써, 어떤 것으로 구실할 수 있다.

"이때 이곳에 이것이 있다"라고 할 때 '있다'는 '내'가 마주하는 '이것이' 어떠한 일로 드러난 것을 뜻한다. 이때 '있다'는 어떤 구실을 가진 '~이'가 '일(이+ㄹ)'로 드러나서, '있다(이+ㅆ+다)'로 마침에 이른 것을 나타낸다. "이때 이곳에 이것이 있다"라는 말에서 '이'와 '있'은 '이+것+이' '일을 이루는 일'과 '이+것+이' '일로 이루어지는 일'에 바탕을 두고 있다.

───── 이때 이곳에 있는 이것이 그것이다

"이때 이곳에 이것이 있다"라고 말할 수 있게 되면, 그것을 바탕으로 삼아서 "이때 이곳에 있는 이것이 그것이다"라고 말할 수 있는데, 대부분은 그냥 "이것이 그것이다"라고 줄여서 말한다.

"이것이 그것이다"는 '이것'과 '그것'을 같게 여기는 것을 말한다. 사람들은 '이것'과 '그것'을 같게 여기는 것을 바탕으로 삼아서, "이것은 그것이다"라고 말한다. 이 경우에 '이것'은 '나'와 함께 '이때' '이곳에' 자리하는 '어떤 것'을, '그것'은 나의 마음 안에 자리하는 '어떤 것'을 가리킨다. '나'는 마음 밖에 자리하는 '어떤 것'인 '이것'과 마음 안에 자리하는 '어떤 것'인 '그것'을 같게 여길 때, "이것은 그것이다"라고 말한다.

사람들은 "이것이 그것이다"라는 말을 바탕으로 삼아서 "이것이 사슴이다", "이것이 책상이다"와 같이 말한다. "이것이 사슴이다"는 '이것'을 '사슴'과 같게 여기는 것을 말하고, "이것이 책상이다"는 '이것'을 '책상'과 같게 여기는 것을 말한다.

"이것이 사슴이다"라고 할 때 '이것'은 '이때' '이곳'에서 '나'와 함께하는 어떤 것을 가리키고, '사슴'은 '나'의 마음 안에 자리하는 '어떤 것'을 가리킨다. 내가 "이것이 사슴이다"라고 말하는 것은 바깥에 자리하는 '이것'과 나의 마음 안에 자리하는 '사슴'을 같게 여기는 것을 말한다.

─── 이때 이곳에 있는 이것이 그것이 아니다

"이때 이곳에 있는 이것이 그것이다"라고 말할 수 있게 되면, 그것을 바탕으로 삼아서 "이때 이곳에 있는 이것이 그것이 아니다"라고 말할 수 있는데, 대부분은 그냥 "이것은 그것이 아니다"라고 줄여서 말한다.

"이것은 그것이 아니다"는 '이것'과 '그것'을 같지 않게 여기는 것을 말한다. 사람들은 '이것'과 '그것'을 같지 않게 여기는 것을 바탕으로 삼아서, "이것은 그것이 아니다"라고 말한다. 이 경우에

'이것'은 '나'와 함께 '이때' '이곳'에 자리하는 '어떤 것'을 가리키고, '그것'은 나의 마음 안에 자리하는 '어떤 것'을 가리킨다. '나'는 마음 밖에 자리하는 '이것'과 마음 안에 자리하는 '그것'을 같게 여길 수 없을 때, "이것은 그것이 아니다"라고 말한다.

"이것은 그것이 아니다"라고 할 때 '아니다'는 '안이다'를 소리 나는 대로 적은 것이다. '안이다'는 '안에 있는 것', '안에만 있는 것', '안에서 따로 하는 것'을 말한다. "이것은 그것이 아니다=이것은 그것이 안+이+다"라고 할 수 있다. 마음 밖에 자리한 '이것'과 마음 안에 자리한 '그것'이 대응 관계를 이루면 "이것은 그것이다"라고 말한다. 그런데 마음 안에 자리한 '그것'이 마음의 안에만 자리하고 있어서 마음 밖에 자리하는 '이것'과 대응 관계를 이루지 못하면, '이것'과 '그것'을 다르게 여겨서 "이것은 그것이 아니다"라고 말한다.

사람들은 "이것은 그것이 아니다"라는 말을 바탕으로 삼아서 "이것은 사슴이 아니다", "이것은 책상이 아니다"와 같이 말한다. "이것은 사슴이 아니다"는 '이것'을 '사슴'과 같게 여길 수 없는 것을 말하고, "이것은 책상이 아니다"는 '이것'을 '책상'과 같게 여길 수 없는 것을 말한다.

"이것은 사슴이 아니다"라고 할 때 '이것'은 '이때' '이곳'에서 '나'와 함께 자리하는 '어떤 것'을 가리키고, '사슴'은 '나'의 마음 안에 자리하는 '어떤 것'을 가리킨다. 마음 밖에 자리하는 '이것'과 마음 안에 자리하는 '사슴'이 대응 관계를 이루면 "이것은 사슴이다"라고 말한다. 그런데 마음 안에 자리한 '사슴'이 마음의 안에만 자리하고 있어서 마음 밖에 자리하는 '이것'과 대응 관계를 이루지 못하면, '이것'과 '사슴'을 다르게 여겨서 "이것은 사슴이 아니다"라고 말한다.

정리하면, 한국말에서 "이것은 무엇이다"는 바깥에 자리한 '이것'과 안에 자리한 '무엇'이 안팎으로 대응 관계를 이루고 있어서, '이것'과 '무엇'을 같게 여길 수 있음을 말한다. 반면에 "이것은 무엇이 아니다"는 바깥에 자리한 '이것'과 안에 자리한 '무엇'이 안팎으로 대응 관계를 이룰 수 없어서, '이것'과 '무엇'을 같게 여길 수 없음을 말한다. 이렇게 되는 것은 안에 있는 '무엇'이 안에만 머물러 있어서, 밖에 있는 '이것'과 만나는 일을 제대로 할 수 없기 때문이다.

03

어느 것이냐 아무것이냐
그것이 문제로다
— 어느 것·아무것

한국사람에게 온갖 것들로 이루어진 세상은 낱낱의 '아'가 헤아릴 수 없이 숱하게 널려 있는 '아무것'의 세계라고 할 수 있다. '아'는 '아무것', '아무나', '아마도'라고 말할 때의 '아'이다. '아'는 헤아릴 수 없이 숱하게 널려 있는, 낱낱의 따로 하는 것을 말한다. 그런데 이러한 낱낱의 '아'는 따로 하는 것이면서 서로 함께하는 것으로 자리하고 있어서, '아무것'을 넘어 '어느 것'이 될 수 있다. 이때 '어'는 '어디', '어느', '어떤', '어떻게'라고 말할 때의 '어'이다. '아무것'은 따로 하는 낱낱의 것이고, '어느 것'은 서로 어울려서 함께하는 여러 가지 것이다.

   선택은 크게 두 가지가 있다. 하나는 '아무것'이나 선택하는 것이고, 다른 하나는 '어느 것'을 선택하는 것이다. 전자는 선택의 결과가 이것이든 저것이든 크게 상관이 없다고 여기는 경우이고, 후자는 선택의 결과가 이것이냐 저것이냐에 따라 앞으로 벌어질 일이 달라진다고 여기는 경우이다.

둘 다 선택할 수 있는 경우도 있다. 그럼에도 아무것이나 선택하는 것은, 선택을 하기는 하되 선택에서 빚어질 수 있는 어려움을 줄여보려는 뜻이 담겨 있다. 사람들은 나를 위해서 그렇게 하기도 하지만, 많은 경우에 상대방을 위해서 그렇게 한다. 이를테면 자식이 어머니에게 "오늘 저녁은 그냥 아무거나 먹어요"라고 말하는 마음의 씀씀이가, 단골 식당 주인에게 "재료 있는 걸로 아무거나 주세요"라고 말하는 식으로 나타나게 된다. 이렇게 해서 상대를 생각하는 마음이 나의 밖으로 크게 뻗어나가는 것이다. 이는 나의 쪽에서 '어느 것'을 선택했을 때 당신의 쪽에서 빚어질 수도 있는 어려움을 조금이라도 줄여보려는 마음에서 나온 태도라고 할 수 있다.

그런데 요즘은 '아무것'이나 선택하는 것을 두고 "개성이 없다", "주견이 없다", "자아가 빈약하다"라며 꾸짖곤 한다. 이런 사람들이 생각하는 좋은 세상은 낱낱의 저들이 저마다 다른 것을 선택함으로써 모두가 뿔뿔이 흩어져 나가는 세상일 것이다.

─── 세상을 바라보는 두 가지 필터

내가 '아무것'으로 바라보는 세상은 이것과 저것이 그저 그렇게 보인다. 내가 '어느 것'으로 바라보는 세상은 이것과 저것이 뚜렷하게 보인다. '아무것'은 나를 '함께함'의 세상으로 이끌고, '어느 것'은 나를 '따로 함'의 세상으로 이끈다.

큰사람이 된다는 것은 따로 함의 세상으로 이끄는 '어느 것'을 바탕으로 삼아서, 첫째, 저만 따로 하는 세상을 넘어 저들과 함께하는 '아무것'의 세상으로 나아가고, 둘째, 저들만 따로 하는 세상을 넘어 남까지 함께하는 '아무것'의 세상으로 나아가고, 셋째, 남까지만 함께하는 세상을 넘어 것까지 함께하는 '아무것'의 세상으로 나아가는 것이다. 한국사람은 이렇게 하는 것이 내가 나답게 되는 길이고, 사람이 사람답게 되는 길이고, 아름이 아름답게 되는 길이라고 보았다.

그런데 이러한 길을 걸어가기 위해서는 반드시 이것과 저것이 따로 하는 '어느 것'을 바탕으로 이것과 저것이 함께하는 '아무것'으로 나아가야 한다. 이는 이것과 저것을 '따로 알아보는' 일을 바탕으로, 이것과 저것을 '함께 알아보는' 일로 나아가는 것을 말한다.

『햄릿』의 유명한 대사 "사느냐 죽느냐, 그것이 문제로다"는 '어느 것'을 앞에 두고 어느 하나를 선택해야 하는 두려움에 떠는 모습을 그린 것이고, 로버트 프로스트의 시 「가지 않은 길」은 '어느 것'을 앞에 두고 어느 하나를 선택한 데 따른 아쉬움을 곱씹어보는 마음을 그린 것이다. 그런데 여기서는 '아무것'으로 이루어진 더 큰 세계를 찾아보기 어렵다.

안중근 의사가 이토 히로부미를 권총으로 쏜 것은 평화와 전쟁을 '어느 것'으로, 사는 것과 죽는 것을 '아무것'으로 보았기 때문에 가능한 일이었다. 사는 것과 죽는 것은 낱낱의 나에게 일어나는 작은 일인 반면에, 평화와 전쟁은 우리 모두에게 일어나는 큰일이라고 본 것이다. 그런데 어떤 사람에게는 사는 것과 죽는 것이 아주 큰 일이고, 나머지는 아주 작은 일이 되기도 한다. 결국 무엇을 '아무것'으로 보고, 무엇을 '어느 것'으로 보느냐에 따라 살아가는 일이 크게 달라질 수 있다고 하겠다.

04

한국의 양자역학
— 있다·있지 아니하다·없다

한국말에서 '있다'는 어떤 것이 어디에 드러나 자리하고 있음을 뜻하는 말로, 옛말은 '잇다'이다. '잇다'는 짜임새가 '이+ㅅ+다'로 되어 있다. '이+ㅅ+다'에서 '이'는 어떤 것이 '이'로서 자리한 것을, 'ㅅ'은 '이'로서 자리한 어떤 것이 'ㅅ(일)'을 통해 어떤 것으로 드러나는 것을, '다'는 '이'로서 자리한 어떤 것이 'ㅅ(일)'을 통해 '이'를 이루는 것이 '다'에 이른 것을 가리키는 말이다.

정리하면 '있다'는 어떤 '것(존재)'을 가리키는 '이'가, 어떤 것으로 드러나는 'ㅅ(일)'을 바탕으로, '이'를 이루는 일이 '다'에 이르게 되었음을 뜻한다. 따라서 "어디에 어떤 것이 있다"라는 말은 "어떤 것이 하나의 '것(존재)'으로서 온전하다"는 것을 드러낸다. 사람들은 '있다'를 통해 '이'가 '이'가 되는 것을 아는 일, 믿는 일, 알리는 일 등을 한다.

"어디에 어떤 것이 있다"라고 드러내어 말하기 위해서는 세 가지가 전제되어야 한다. 첫째, 어떤 것이 어디에 '이'로서 자리해야 하고, 둘째, 어디에 자리한 어떤 것이 하나의 '이'로서 드러나 있어야 하며, 셋째, 어디에 자리한 어떤 것이 '이'로서 드러나 있을 때, 사람들이 어떤 것을 '이것'이나 '저것'이나 '그것'으로 마주해야 한다. 이 셋 중 하나라도 충족되지 않으면 '있다'라고 드러내어 말할 수 없다.

또한 "어디에 어떤 것이 있다"라고 드러내어 말하는 것은 어떤 것이 자리한 때와 곳에 따라 네 가지로 나뉜다. 첫째, "여기에 이것이 있다"[무엇이 내가 마주하고 있는 이때 이곳(=여기)에 어떤 것으로 드러나 있는 경우], 둘째, "저기에 저것이 있다"[무엇이 내가 마주하고 있는 이때 저곳(=저기)에 어떤 것으로 드러나 있는 경우], 셋째, "거기에 그것이 있다"[무엇이 내가, 혹은 내가 다른 사람과 함께 마주하고 있는 이때 그곳(=거기)에 어떤 것으로 드러나 있는 경우], 넷째, "그곳에 그것이 있다"[무엇이 내가 마음 안에서 그려보는 그때 그곳(=그곳)에 어떤 것으로 드러나 있는 경우]이다.

마음의 안과 밖이 만나거나 만나지 않을 때

어느 곳에 '있었거나/있거나/있을' 어떤 것에 대해서는 "어디에 어떤 것이 있었다/있다/있을 것이다"라고 말할 수 있다. 그런데 어느 곳에도 '있지 아니한' 어떤 것에 대해서는 "어디에 어떤 것이 있었다/있다"라고 말할 수 없다. 그런 것에 대해서는 단지 "어디에도 어떤 것은 있지 아니하였다/아니하다"라고 말할 수 있다.

어느 곳에 '있었거나/있거나/있을' 어떤 것에 대해서는 "어디에 어떤 것이 있다/있지 아니하다"를 모두 말할 수 있다. 이를테면 토끼가 어느 곳에 '있었거나/있거나/있을' 것임을 알게 되면, "그 집에는 토끼가 있었다/있다/있을 것이다", 또는 "그 집에는 토끼가 있지 아니했다/아니하다/아니할 것이다"라고 말할 수 있다.

"그 집에 토끼가 있지 아니하다"라고 말할 때, '있지 아니하다'는 '있지'가 '안이+하다'를 뜻한다. '있지'가 '안이+하다'는 '있지'라고 마음 안에서만 여기는 것이기 때문에 실제로 있는 것과 같을 수 없음을 뜻한다. 이를테면 그 집에 토끼가 없는 상황에서, 그 집에 토끼가 '있다'고 생각하게 되면, '있다'고 생각하는 것은 마음의 안에서만 그렇게 여기는 것이기 때문에 토끼가 없는 실제 상황과 같지 않다는 뜻이다.

"그 집에 토끼가 있지 아니하다"라고 말할 때, 토끼는 '그 집의 밖에 있었거나, 밖에 있는 것'이다. 사람들은 토끼가 그 집의 밖에 있었거나, 밖에 있기 때문에 그것에 기대어서 "어디에 토끼가 있었다/있다"라는 말을 할 수 있고, 따라서 "그 집에 토끼가 있지 아니하다"라고 말할 수 있다.

"그 집에 토끼가 없다"는 "그 집에 토끼가 있지 아니하다"는 것을 뜻하고, 이는 '토끼가 그 집의 밖에 있었거나, 밖에 있는 것'을 나타낸다. 즉, 토끼가 어디에 있기는 있는데, 그 집이 자리한 곳에는 있지 아니하고, 그 집이 아닌 다른 곳에 있는 것이다. 이렇게 되면 그 집이 자리한 곳과 토끼가 자리한 곳은 토끼가 있지 아니한 쪽과 토끼가 있는 쪽으로 마주해서 함께하게 된다.

한국사람은 어떤 것이 있지 아니한 쪽과 어떤 것이 있는 쪽이 마주하여 함께할 때, "그 집에 토끼가 없다"와 같이 '~에 ~이 없다'라고 말한다. 이때 그 집의 안쪽은 토끼가 자리해 있지 아니한 쪽이고, 그 집의 바깥쪽은 토끼가 자리해 있는 쪽이다. 토끼가 자리해 있지 아니한 그 집의 안쪽과 토끼가 자리해 있는 그 집의 바깥쪽이 마주하여 함께하는 경우, 이쪽과 저쪽은 서로 '어'의 관계에 놓이게 된다. 이러한 '어'의 관계를 바탕으로 삼아, "그 집에 토끼가 없다"라는 말을 하는 것이다.

'없다'는 '어+하+ㅅ+다'에 뿌리를 두었다고 볼 수 있다. 이때 '어'는 이것의 쪽과 저것의 쪽이 마주하여 함께하는 것을, '하다'는 '어'가 일로서 드러나는 것을 가리킨다. '어하다'가 '업다'로 바뀐 것은 '고마하다'가 '고맙다'로 바뀐 것과 같은 경우로 볼 수 있다. 그리고 '이+ㅅ+다=잇다'가 됨으로써 어떤 것이 이미 된 것을 나타내듯이, '업+ㅅ+다=없다'가 됨으로써 어떤 것이 이미 된 것을 나타낸 것이다.

'없다'라는 말의 바탕을 알려면 이쪽과 저쪽이 마주하여 함께하는 것을 나타내는 '어'가 어떠한 뜻을 갖고 있는지 알아야 한다. 이를 알아보기 위해 '어음', '어버이', '어우내', '어디', '어울리다'와 같은 말의 짜임새를 살펴볼 필요가 있다.

'어음'은 '어+음'으로, 이쪽과 저쪽이 마주하여 함께하는 '어'에 바탕을 두고 있다. 사람들이 종이에 붓으로 돈을 주고받는 다짐글을 적고, 가운데를 둘로 나누어 이쪽과 저쪽을 따로 지니고 있다가, 다시 만났을 때 이쪽과 저쪽을 맞춰보고서, 적힌 돈의 액수를 주고받을 수 있도록 만든 문서가 어음이다. 어음에서 이쪽과 저쪽은 하나를 둘로 나눈 것으로, 이쪽에 있는 것은 저쪽에 없고, 저쪽에 있는 것은 이쪽에 없다.

 '어버이', '어우내', '어디'에서 볼 수 있는 '어'도 이쪽과 저쪽이 마주하여 함께하는 '어'에 바탕을 두고 있다. '어버이'는 아버지와 어머니가, '어우내'는 이쪽 시냇물과 저쪽 시냇물이, '어디'는 이 길과 저 길이, 서로 이쪽과 저쪽으로 마주하여 함께하는 것이다. 이때 이쪽/저쪽은 이쪽에 있는 것이 저쪽에 없고, 저쪽에 있는 것이 이쪽에 없는 까닭에, 이쪽의 것과 저쪽의 것을 있고 없음으로 가름하는 잣대가 될 수 있다.

---

* '어우내'는 '어울다'로서 이쪽의 물과 저쪽의 물이 갈라져 있는 곳을 말하고, '아우내'는 '아울다'로서 이쪽과 저쪽의 물이 하나로 아울러진 곳을 말한다. 이쪽의 물과 저쪽의 물이 어우러질 때, 위쪽은 어우내이고 아래쪽은 아우내이다.

05

말이라고 다 말인가, 말 같아야 말이지
— 말·말씀

한국사람은 '말'과 '말하다', '말씀'과 '말씀하다'를 아울러 쓴다. '말'을 바탕으로 '말하다'를 말하고, '말씀'을 바탕으로 '말씀하다'를 말한다. 그런데 '말하다'와 '말씀하다'의 바탕이 되는 '말'과 말씀'이 어떤 점에서 같고 다른지를 아는 이는 드물다.

『표준국어대사전』에서는 '말씀'을 "1. 남의 말을 높여 이르는 말 2. 자기의 말을 낮추어 이르는 말"로 풀이해놓았다. 그러나 '말씀'이라는 하나의 낱말을 가지고 어떻게 남을 높이는 일과 자기를 낮추는 일을 함께 할 수 있는지 알 수가 없다. 이는 마치 사람들이 '밥'이라는 하나의 낱말을 가지고 남을 높이는 일과 자기를 낮추는 일을 함께 할 수 있다고 말하는 것과 같다. 실제로는 그런 일이 일어날 수 없기 때문에, 사람들은 남이 먹는 밥을 높여서 말할 때 '수라', '진지', '식사'와 같은 말을 따로 만들어서 써왔다.

『표준국어대사전』에서 '말씀'의 뜻을 이상하게 풀어놓은 것은

'말'과 '말씀'이 어떻게 같고 다른지 깊이 살펴보지 않았기 때문이다. 세종대왕이 지은 훈민정음의 서문 첫마디가 '나랏말씀'이다. 그런데 이제까지 누구도 '나랏말씀'에 나오는 '말씀'이 무엇을 가리키는 말인지 또렷하게 풀어내지 않았다. 이러니 사람들은 '나랏말씀'을 줄곧 '나랏말'로 풀어왔다. 『표준국어대사전』에 나오는 '말씀'의 뜻을 좇아서 '나랏말씀'을 풀어보면, 세종대왕이 명나라의 말을 높이고 조선의 말을 낮추기 위해서 일부러 '나랏말씀'으로 썼다는 결론에 이르게 된다. 이게 도대체 말이 되는가.

───── 뜻을 주고받고, 세상을 헤아리는 잣대가 곧 '말'

　한국사람은 '말'을 소리에 담아 드러내는 것을 '말하다', '말씀'을 소리에 담아 드러내는 것을 '말씀하다'라고 한다. 사람들은 머릿속에 자리하고 있는 '말'과 '말씀'을 소리에 담아 밖으로 드러냄으로써, 뜻을 주고받을 수 있게 된다.
　'말'은 '말다'에 바탕을 두고 있다. '말다'는 '~지 말아라'의 '말다'와 '~고 말았다'의 '말다'를 아우른 것이다.
　전자의 '말다'는 '무엇을 그만두다'의 뜻으로 쓰이며, 임자가 하고 있거나 하려고 하는 무엇을 '금 안(그만)'에 두어서 그냥 그대로 있게 하는 것을 뜻한다. 이를테면 "너는 움직이지 말아라"는 네가 움직이고 있거나 움직이려고 하는 것을 그냥 그대로 금 안에 두어서, 움직이는 일이 일어나지 않게 시키는 것을 말한다.

후자의 '말다'는 '끝을 보다'의 뜻으로 쓰이며, 일어나고 있는 무엇이 끝장을 보게 되었음을 말한다. 이를테면 "그는 움직이고 말았다"는 그에게 일어나던 움직이는 일이 끝장을 보게 되었음을 말한다.

한국말에서 '말'은 '마는 것'으로, 사람들이 무엇을 어떤 말소리에 담아서 무엇을 어떤 말소리로 여기는 일이, 그냥 그대로 금 안에 머물러서 완전히 끝에 이르게 하는 것을 뜻한다. 이를테면 '딸기'라는 말은 사람들이 무엇을 '딸기'라는 말소리에 담아서 그렇게 일컫는 일이, 그냥 그대로 금 안에 머물러서 완전히 끝에 이르게 됨으로써, '딸기'라는 것이 온전하게 하나의 말이 되는 것을 뜻한다. 이렇게 되면 무엇을 '딸기'라는 말로 부르는 일을 누구나 함께 할 수 있다.

한국말에서 입으로 하는 '말[言]'은 곡식이나 술과 같은 것의 부피를 헤아리는 '말[斗]'과 바탕을 같이한다. 사람들이 '말[斗]'을 가지고 어떤 것의 부피를 헤아리는 것은 어떤 것을 '말[斗]'에 담아서, 금 안에 가득 차도록 만들어서 한 말, 두 말 등으로 헤아리는 것을 말한다.

한국사람은 어떤 것의 뜻을 헤아리는 '말[言]'을 으뜸으로 여기는 것과 함께 어떤 것의 부피를 헤아리는 '말[斗]'을 으뜸으로 여겼다. '말[斗]'은 열 되가 들어가는 것으로, 부피를 헤아리는 도량형 가운데 가장 크다.

사람들은 이러한 말[言]과 말[斗]을 바탕으로, 어떤 것들 중 으뜸인 것에 '말'을 붙여서 '말매미', '말잠자리', '말거미' 등으로 일컬어 왔다.

한편으로, '말'은 '머리'와도 관련이 있다. '머리'는 동물이 살아가는 데 필요한 온갖 것을 헤아리는 곳을 일컫는 말이다. 옛말에서는 '머리'와 '마리'를 함께 썼는데, '머리'와 '마리'는 모두 으뜸이 되는 것을 뜻한다.

'머리'는 '멀다'에 바탕을 둔 '멀+이'로, 무엇을 헤아리는 일이 멀리 뻗치는 것을 가리키고, '마리'는 '말다'에 바탕을 둔 '말+이'로, 무엇을 헤아리는 일에서 잣대로 삼는 '말[言]'과 '말[斗]'을 가리킨다. 사람들은 '머리'와 '마리'에서 볼 수 있는 헤아리는 일을 가지고, 우두머리에 자리하고 있는 왕(王)을 마립간(麻立干=말입간), 매금(寐錦) 등으로 불렀다.

사람들이 살아가는 일을 잘하려면 말로써 생각을 펼치는 일을 잘해야 한다. 이를 위해서는 생각하는 머리가 잘 돌아가야 하고 잘 굴러가야 하며, 생각하는 머리를 잘 굴려야 하고 잘 써야 한다. 따라서 사람이 가장 힘을 쏟아야 하는 일은 생각하는 머리를 좋게 만들어서 말로써 느끼고, 알고, 바라고, 이루는 일을 깊고 넓게 잘할 수 있도록 하는 일이다.

말 같은 말, 말이 되는 말이 곧 '말씀'

한국사람은 말 가운데 바르게 잘 차린 말을 '말씀'이라 일컫고, '말씀'을 밖으로 드러내어 말하는 것을 '말씀하다'라고 일컫는다. '말씀'의 옛말이 '말쏨'으로, '말+쓰다'에 뿌리를 두고 있다. '쓰다'는 '쌓다'를 뜻하는 옛말로, 사람이 뜻을 바탕으로 무엇을 쌓아서 세우는 일을 뜻한다. 이를테면 사람들은 탑을 쌓아서 탑을 세우고, 공을 쌓아서 공을 세우고, 덕을 쌓아서 덕을 세운다. 그런데 무엇을 쌓아서 세우는 일은 오로지 위쪽으로만 이루어지기 때문에 이리저리 옆으로 벗어나는 일이 있을 수 없다. 말을 쌓아서 세우는 일도 마찬가지이다. 말을 쌓아서 세우는 일이 하나하나 제대로 바르게 이루어지면, 그것을 '말씀'이라고 일컫는다.

사람들이 주고받는 말에는 '말이 되는 말'과 '말이 되지 않는 말'이 있다. 사람들은 '말이 되는 말'을 '말 같은 말'이라 일컫고, '말이 되지 않는 말'을 '말 같지 않은 말'이라고 일컫는다. '말이 되는, 말 같은 말'을 '말씀'이라고 높여서 말하고, 그렇지 않은 말을 헛소리, 개소리, 잡소리, 군소리, 잠꼬대 등으로 낮추어서 말한다. 세종대왕이 훈민정음에서 '나랏말'이 아니라 '나랏말씀'이라고 한 것은 말을 쌓아서 세우는 일이 바르게 잘 이루어진 말씀을 바탕으로 모든 일이 이루어졌음을 밝힌 것이다.

한국사람은 말이라는 말을 입에 붙이고 살아간다. 말을 하면서 제가 하는 말을 또박또박 짚어가는 것을 볼 수 있다. 이를테면

"내가 말이야, 어제저녁에 말이야, 집에 늦게 들어갔는데 말이야, 갑자기 옆집에서 '도둑이야' 소리가 나서 말이야, 그쪽을 쳐다보니까 말이야, 모자를 눌러쓴 어떤 남자가 대문에서 튀어나오더란 말이야, 그래서 엄청 놀랐단 말이지"라고 말하는 식이다. 이때 말을 하고 있는 '나'는 내가 무엇에 대해 말하고자 하는 것을 말이라는 말로 하나하나 또박또박 짚어가고 있다.

사람들은 기분에 이끌려서 말을 하기 때문에 말하는 방식이 여러 가지로 다를 수 있다. 이를테면 건네는 말, 던지는 말, 내뱉는 말, 쏟아내는 말, 지껄이는 말, 늘어놓는 말, 떠드는 말, 따지는 말, 꾸짖는 말, 나무라는 말, 쏘아붙이는 말 등으로 말을 한다. 그런데 기분에 휩쓸리다 보면 알맞지 않은 방식으로 말하는 일이 많아서, 말을 하지 않은 것보다 못할 때가 많다. 이러니 말을 주고받을 때는 언제나 알맞은 말을 골라서 말씀에 어울리는 말을 말하도록 해야 한다.

06

한국말의 특징: 이름말과 풀이말 1
— 쓸개·쓰다·벌·벌다·나비·납작하다·파리·
팔팔하다·잠자리·잠잠하다

　말로써 무엇을 어떤 것으로 알아보려면 먼저 무엇을 가리키는 '이름말'이 있어야 하고, 다음으로 무엇을 어떤 것으로 알아보는 '풀이말'이 있어야 한다. 무엇을 가리키는 '쓸개'라는 이름말과 그것을 어떤 것으로 알아보는 '쓰다'라는 풀이말을 갖게 되면, "쓸개는 쓰다"라고 말할 수 있다. "쓸개는 쓰다"에서 무엇을 가리키는 '쓸개'와 그것을 어떤 것으로 알아보는 '쓰다'는 서로 뜻을 기대고 있다. '쓸개'는 '쓰다(쓴 것)'에 뜻을 기대고 있는 말이고, '쓰다(쓴 것)'는 '쓸개'에 뜻을 기대고 있는 말이다.

　'쓸개'와 '쓰다'처럼 서로 뜻을 기대고 있는 말을 사용하게 되면 말의 뜻을 또렷이 알 수 있다. '쓰다'라는 말의 뜻을 가지고 '쓸개'가 무엇을 뜻하는 말인지 또렷이 알 수 있고, '쓸개'라는 말의 뜻을 가지고 '쓰다'가 무엇을 뜻하는 말인지 또렷이 알 수 있다. 이런 까닭에 사람들은 말을 만들 때, 서로 뜻을 기대고 있는 말을 만드는 데 관심을 갖게 된다.

한 걸음 더 나아가서 사람들은 '쓸개'와 '쓰다'처럼 서로 뜻을 기대고 있는 말을 바탕으로 삼아서, 이와 비슷한 뜻을 가진 여러 가지 이름말이나 풀이말을 만들어 쓸 수 있다. 이를테면 '쓴소리', '씁쓸하다', '씁쓰레하다', '씁쓰름하다', '쌉쌀하다', '쌉싸래하다', '쌉싸름하다'와 같은 말들이다.

──── 모든 감각이 말의 재료

한국사람은 "쓸개는 쓰다"처럼 서로 뜻을 기대고 있는 말을 만들어서, 말의 뜻을 또렷하게 만들고 말의 차림을 살뜰하게 차리는 일에 많은 힘을 쏟아왔다. 이런 까닭에 한국말에는 "다래는 달다", "부들은 부드럽다", "파래는 파랗다", "토끼처럼 토낀다", "신을 신다"와 같은 말이 매우 많다.

서로 뜻을 기대고 있는 말을 만들어 쓰는 일은 크게 일곱 가지를 좇아서 이루어진다.

첫째, '뻐꾸기-뻐꾹뻐꾹', '개구리-개굴개굴'처럼, 어떤 것에서 비롯하는 소리를 감으로 삼는 경우이다. 둘째, '파래-파랗다', '노루-노랗다'처럼, 어떤 것에서 비롯하는 빛깔을 감으로 삼는 경우이다. 셋째, '징거미-징그럽다', '구름-구르다'처럼, 어떤 것에서 비롯하는 모양을 감으로 삼는 경우이다. 넷째, '다래-달다', '쓸개-쓰다'처럼, 어떤 것에서 비롯하는 맛깔을 감으로 삼는 경우이다. 다섯째, '노린재-노리다'처럼 어떤 것에서 비롯하는 냄새를 감으로 삼는 경우이다. 여섯째, '미꾸라지-미끄럽다', '부들-부드럽다'처럼, 어떤 것에서 비롯하는 닿는 느낌을 감으로 삼는 경우이다. 일곱째, '토끼-토끼다', '사람-살리다'처럼, 어떤 것에서 비롯하는 일을 감으로 삼는 경우이다.

쓸개는 쓰지, 파래는 파랗지

서로 뜻을 기대고 있는 이름말과 풀이말을 살펴보면, 사람들이 말을 만들어 쓰는 바탕이 어떤 것인지가 잘 드러난다. 몇 개를 추려서 살펴보면 다음과 같다.

① 벌-벌다

'벌'은 '벌다'와 뿌리를 같이하는 말이다. '벌다'는 "그녀는 돈을 잘 번다", "그는 걸핏하면 매를 벌었다"에서 보듯이, 무엇이 어떤 것을 벌어서 불어나거나 늘어나는 것을 뜻한다. '벌'은 쉬지 않고 이꽃 저꽃의 꽃가루를 벌어다가 끊임없이 꿀을 불려나가는 일에 바탕을 둔 말이다. 벌이 날개를 떠는 모습에서 '벌벌 떨다'라는 말이 생겨났다.

② 나비-납작하다

'나비'는 '납작하다', '나풀나풀'과 뿌리를 같이하는 말이다. '납작하다'는 어떤 것에서 볼 수 있는 얇고 반반한 것을 뜻한다. '나비'는 '납+이'로, 납작하게 생긴 두 쪽의 날개가 짝을 이루고 있는 모양에 바탕을 둔 말이다. 나비가 날아다니는 모습에서 '나풀나풀'이라는 말이 생겨났다.

③ 파리-팔팔하다

'파리'는 '팔팔하다', '팔랑팔랑'과 뿌리를 같이하는 말이다. '팔팔하다'는 어떤 것이 힘차게 움직이는 것을 뜻한다. '파리'는 '팔+이'로, 짧은 날개를 파닥여서 이곳저곳을 팔팔하게 날아다니는 일에 바탕을 둔 말이다. 파리는 사람들에 붙어서 살아가기 때문에 팔팔하게 날아다녀야 죽지 않을 수 있다. 파리가 날아다니는 모습에서 '팔랑팔랑', '파닥파닥'이라는 말이 생겨났다.

④ 잠자리-잠잠하다

'잠자리'는 '잠자다', '잠잠하다'와 뿌리를 같이하는 말이다. '잠자리'는 '잠잘+이'로, 기다란 날개를 가지고 이곳저곳을 잠잠하게 날아다니는 일에 바탕을 둔 말이다. 잠자리는 제자리에서 잠잠하게 날 수도 있고, 잠자듯이 앉아 있을 수도 있다. 사람들은 앉아 있는 잠자리를 손으로 잡을 수도 있다. 잠자리가 날아다니는 모습에서 '잠자리비행기(=헬리콥터)'라는 말이 생겨났다.

⑤ 쓸개-쓰다

'쓸개'는 '쓰다'와 뿌리를 같이하는 말이다. 사람들은 '쓸개'에서 볼 수 있는 맛깔을 '쓰다'라고 말한다. 쓸개는 쓴맛을 가늠하는 잣대와 같다. 사람들은 쓸개에서 느끼는 쓴맛을 길잡이로 삼아서, 쓴맛이 어떠한 것인지 알아볼 수 있다.

⑥ 파래-파랗다

'파래'는 '파랗다'와 뿌리를 같이하는 말이다. 사람들은 '파래'에서 볼 수 있는 빛깔을 '파랗다'라고 말한다. 파래는 파란 빛깔을 가늠하는 잣대와 같다. 사람들은 파래에서 느끼는 파란 빛깔을 길잡이로 삼아서, 파란 빛깔이 어떠한 것인지 알아볼 수 있다.

07

한국말의 특징: 이름말과 풀이말 2
— 활·활짝·살·살짝

'활짝'과 '살짝'은 어떤 것에서 볼 수 있는 움직임의 모양새를 나타내는 말이다. '활짝'이 어떤 것에 힘이 세게 들어가서 크게 움직이는 모양새라면, '살짝'은 어떤 것에 힘이 가볍게 들어가서 작게 움직이는 모양새이다. 이를테면 사람이 문을 '활짝' 여는 것은 문에 힘이 세게 들어가서 문이 크게 움직이는 모양새이고, 문을 '살짝' 여는 것은 문에 힘이 가볍게 들어가서 문이 작게 움직이는 모양새이다.

그런데 한국사람은 '활짝'과 '살짝'이라는 말을 배우고 쓰면서도 그것이 어떠한 바탕을 갖고 있는지 알지 못한다. 그 말의 바탕에 대해 깊이 묻고 따지지 않았기 때문이다

『표준국어대사전』에서는 '활짝'과 '살짝'을 다음과 같이 풀이하고 있다.

[활짝]

1. 문 따위가 한껏 시원스럽게 열린 모양
2. 날개 따위를 시원스럽게 펼치는 모양
3. 넓고 멀리 시원스럽게 트인 모양

[살짝]

1. 남의 눈을 피하여 재빠르게
2. 힘들이지 아니하고 가볍게
3. 심하지 아니하게 아주 약간

위와 같은 뜻풀이는 현재 사람들이 쓰고 있는 '활짝'과 '살짝'의 뜻을 간추려놓은 것이다. 그런데 원래 '활짝'과 '살짝'은 사람이 '활'과 '살'을 가지고 활쏘기를 할 때 볼 수 있는 움직임의 모양새에 바탕을 둔 말이다. '활'과 '살'은 활쏘기를 할 때 쓰는 도구이고, '짝'은 활과 살이 서로 하나의 짝을 이루고 있음을 말한다.

활쏘기를 하려면 두 손으로 활대와 시위를 나누어 쥐고, 있는 힘을 다해 '활'을 팽팽하게 당겨서, 한껏 펼쳐지게 만들어야 한다. 이때 '활'을 팽팽하게 당겨서 '활'이 한껏 펼쳐지도록 하는 움직임의 모양새가 바로 '활짝'이다.

활쏘기를 할 때는 '활'을 팽팽하게 당겨서 '활'이 한껏 펼쳐지게 만듦과 함께, 엄지와 검지로 '활'에 '살'을 살포시 실어서 '살짝' 쥐고 있다가, 가만히 놓아서 '살'이 미끄러지듯이 날아가게 만들어야 한다. 이때 '살'을 '살짝' 쥐고 있다가, 가만히 놓아서 '살'이 미끄러지듯이 날아가도록 하는 움직임의 모양새가 바로 '살짝'이다.

활쏘기를 잘하는 사람은 '활'을 '활짝' 당겨서 '활'이 터질 듯이 팽팽하게 만드는 동시에, '살'을 '살짝' 쥐고 있다가 가만히 놓아서 '살'이 미끄러지듯이 날아가도록 한다. 사람이 '활짝' 하는 일과 '살짝' 하는 일을 잘할 수 있으면 활쏘기를 아주 잘할 수 있게 된다.

우리는 일찍부터 활쏘기를 잘하는 겨레로 널리 알려져 왔다. 활쏘기를 즐겨 하면서, '활'의 '쪽'과 '살'의 '쪽'에서 볼 수 있는 움직임의 모양새를 바탕으로 삼아 '활짝'과 '살짝'이라는 말을 만들어 쓰게 되었다고 할 수 있다.

08

한국말의 논리
― 밖·안·겉·속·참말·거짓말

──── 밖과 안의 대응과 논리

사람들이 논리라고 부르는 것은 마음의 '밖'에 있는 무엇과 마음의 '안'에 있는 어떤 말이 서로 대응하는 것에 바탕을 두고 있다. 사람들은 첫째, 마음의 '밖'에 있는 무엇을 마음의 '안'에 있는 어떤 낱말과 대응시켜서 '이', '저', '하늘', '바다', '붉다', '달다', '오다', '먹다', '놀다', '~는', '~고', '~다'와 같은 낱말을 만든다. 둘째, 마음의 '밖'에 있는 무엇을 마음의 '안'에 있는 어떤 말소리와 대응시켜서, 낱말들이 저마다 하나의 소리를 갖도록 만든다. 셋째, 마음의 '밖'에 있는 무엇을 마음의 '안'에 있는 어떤 생각과 대응시켜서, "이것은 바다이다"와 같은 생각을 펼치도록 만든다.

논리가 마음의 '밖'에 있는 무엇과 마음의 '안'에 있는 어떤 말을 대응시켜서, 무엇을 어떠한 것으로 알아보는 일임을 잘 드러내는 말이 바로 '~은 ~이다'와 '~은 ~이 아니다', '~은 ~지 아니하다/아니한다'이다.

한국사람은 마음의 '밖'에 있는 무엇과 마음의 '안'에 있는 어떤 말이 바르게 대응할 때, '~은 ~이다'라고 말한다. 이를테면 "이것은 바다이다"는 마음의 '밖'에 있는 '이것'과 마음의 '안'에 있는 '바다'가 서로 바르게 대응되었을 때 하는 말이다.

마음의 '밖'에 있는 무엇과 마음의 '안'에 있는 어떤 말이 바르게 대응하는 것을 바탕으로 '~은 ~이다'라고 말하는 것은 크게 세 가지가 있다. 첫째, '~은 ~이다'를 바탕으로 "이것은 바다이다"와 같이 말하는 것, 둘째, '~은 ~하다'를 바탕으로 "이것은 푸르다"와 같이 말하는 것, 셋째, '~은 ~한다'를 바탕으로 "이것은 일렁인다"와 같이 말하는 것이다. 사람들은 이를 바탕으로 '이것은 ~에 있다', '이것은 ~이 된다', '이것은 ~이 저것과 같다', '이것은 ~이 저것에 맞다'와 같은 말을 새롭게 차려나간다.

한국사람은 마음의 '밖'에 있는 무엇과 마음의 '안'에 있는 어떤 말이 바르게 대응하지 않을 때 '~은 ~이 아니다', '~은 ~하지 아니하다', '~은 ~하지 아니한다'라고 말한다. 이를테면 마음의 '밖'에 있는 '이것'의 이름과 마음의 '안'에 있는 '바다'라는 말이 바르게 대응하지 않으면 "이것은 바다가 아니다"라고 말하고, 마음의 '밖'에 있는 '이것'의 꼴과 마음의 '안'에 있는 '푸르다'라는 말이 바르게 대응하지 않으면 "이것은 푸르지 아니하다"라고 말하며, 마음의 '밖'에 있는 '이것'의 일과 마음의 '안'에 있는 '일렁이다'라는 말이 바르게 대응하지 않으면 "이것은 일렁이지 아니한다"라고 말한다.

'아니'는 '안+이'를 소리 나는 대로 풀어쓴 것으로, 마음의 '안'에 있는 어떤 말이 마음의 '밖'에 있는 무엇에 바르게 대응하지 못하고 따로 노는 것을 뜻한다. 마음의 '안'에 있는 어떤 말이 따로 놀게 되면, 마음의 '밖'에 있는 '무엇'을 '어떤 말'로 알아보는 일이 이루어질 수 없다.

——— 겉과 속의 대응과 논리

한국사람은 임자가 '겉'으로 드러낸 말과 임자의 '속'에 들어 있는 말을 대응시켜서, '참말'과 '거짓말'로 나누어 말한다.

'참말'은 임자가 '겉'으로 드러낸 말과 임자의 '속'에 들어 있는 말이 바르게 대응함을 가리킨다. 이를테면 임자가 아침에 빵을 먹은 상태에서 "나는 아침에 빵을 먹었다"라고 말하면, '겉'으로 드러난 말과 '속'에 들어 있는 말이 바르게 대응하기 때문에 '참말'이 된다. '참말'은 '차 있는 말'로서, '겉'으로 드러난 것이 '속'에 그대로 들어차 있는 것을 뜻한다.

'거짓말'은 임자가 '겉'으로 드러낸 말과 임자의 '속'에 들어 있는 말이 바르게 대응하지 않음을 가리킨다. 이를테면 임자가 아침에 빵을 먹지 않은 상태에서 "나는 아침에 빵을 먹었다"라고 말하면, '겉'으로 드러난 말과 '속'에 들어 있는 말이 바르게 대응하지 않기 때문에 '거짓말'이 된다. '거짓말'은 '겉'으로 지은 말'로서, '겉'으로 드러난 것과 '속'에 들어차 있는 것이 서로 다른 것을 뜻한다.

'겉'으로 드러내는 말과 '속'에 들어 있는 말을 달리해서 '거짓말'을 하는 것은 '겉'과 '속'이 따로 놀기 때문이다. 사람들은 이를 두고 "겉 다르고 속 다르다"라고 말한다.

'겉'과 '속'이 따로 노는 경우에, '속'을 잣대로 삼아서 '겉'이 따로 노는 것을 '거짓'이라 하고, '겉'을 잣대로 삼아서 '속'이 따로 노는 것을 '속임'이라 한다. 이를테면 어떤 사람이 '속'에 들기름이 들어 있는 병의 '겉'에 참기름이라는 상표를 붙여서 팔면 거짓을 저지르는 일이 되고, '겉'에 참기름이라는 상표가 붙어 있는 병의 '속'에 들기름을 부어서 팔면 속이는 일이 된다. 사람들은 무슨 말이든 '겉'과 '속'을 따로 놀게 할 수 있는 까닭에, 마음만 먹으면 언제든지 거짓으로, 또는 속여서 말할 수 있다.

09
깨달음으로 이끄는 단 하나의 물음
— 이·뭣·고

불교에서는 '이뭣고'를 화두로 삼아 참구(參究)하는 이들이 많다. '이뭣고'는 깨달음에 이르는 길이 묻는 일에서 비롯함을 크게 강조하는 말이다. '이뭣고'는 '이무엇고'를 줄인 말이고, '이무엇고'는 "이것은(또는 이것이) 무엇인고"를 줄인 말이다.

─── 마주하고 있는 '이'것을 바탕으로 삼아

'이뭣고'에서 '이'는 이때 이곳에 자리하고 있는 임자가 바야흐로 어떤 것을 '이것'으로서 마주하고 있음을 말한다. 임자는 마주하고 있는 '이것'을 바탕으로 삼아 어떤 것을 느끼고, 알고, 바라고, 이루는 일을 하게 된다. 그러지 않으면 임자가 마주하고 있는 '이것'이 사라지면서, 머릿속이 멍한 상태에 놓인다. 요즘 사람들은 이를 두고 '멍때린다'라고 말한다.

임자는 '이것'에 바탕을 두고 '이것'의 곁에 자리하는 것을 '저것'이라 말하고, '이것'과 함께 자리하는 갖가지 것을 '여러 것'이나 '모든 것'이라 말한다. 임자는 '이것'과 '저것'과 '여러 것'과 '모든 것'이 자리하고 있는 이때 이곳에서, 마음 안에 있는 '그것'에 기대어, 바야흐로 마주하고 있는 '이것'을 느끼고, 알고, 바라고, 이루는 일을 함으로써, 무엇을 스스로 하는 하나의 임자로 서게 된다.

─── 아직 알지 못하는 어떤 '뭣'을 붙들고

'이뭣고'에서 '뭣'은 임자가 아직 알지 못하는 '어떤 것'을 가리키는 말이다. 임자가 아직 알지 못하는 '어떤 것'에 대해 묻는 일을 하면 '어떤 것'이 '무엇'으로 바뀌고, 묻는 일을 하지 않으면 '어떤 것'은 그냥 '어떤 것'으로 남아 있게 된다.

'뭣=무엇'은 뭇, 무리, 무릇, 묻다, 물음과 바탕을 같이하는 말이다. 임자가 어떤 것을 '무엇'으로 묻는 일은 '어떤 것'이 '어떤 무리'에 속하는지, '어떤 것'의 무리를 갈라서 무리를 지어보는 일이다. 이를테면 임자가 '어떤 것'이 '무엇'인지 묻는 일을 해서 "이것은 사슴이다"라고 알아차리게 되는 것은, 임자가 '이것'을 '사슴'이라는 '무리'와 견주어보아서 '이것'을 '사슴'의 무리로 알아보는 것을 말한다.

'무엇'은 '어떤 것'이 '어떤 무리'에 들어가는지 알아보고자 하는 것이고, '무리'는 같은 꼴이나 일을 지닌 것들을 하나로 묶어놓은 것이며, '뭇'과 '무릇'은 같은 '무리'에 속하는 모든 것을 하나로 싸잡아서 일컫는 것이고, '묻다'와 '물음'은 '무엇'이 어떤 무리에 드는지 무리를 지어서 알아보는 것이다.

─── 본디의 그것이 무엇인'고' 묻다

'이뭣고'에서 '고'는 두 가지로 나누어볼 수 있다. 첫째, 임자가 무엇이 어떤 무리에 드는지 물어보는 '~인고'이다. 둘째, '~이다', '~이라', '~이지'처럼 어떤 말을 끝내는 말인 '~이고'로서, 임자가 어떤 것에 대해 어떠한 판단을 내리는 것이다.

임자가 마주하고 있는 '이것'에 대해 어떠한 판단을 내리는 것은 임자가 마음 밖에 있는 '이것'을 마음 안에 있는 '어떤 것'과 같게 여겨서, "이것은 사슴이다"와 같은 판단을 내리는 방식으로 이루어진다. 그런데 임자가 "이것은 무엇인고?"라고 묻는 일은 마음 밖에 있는 '이것'을 마음 안에 있는 '그것'에 견주어서, '이것'을 '무엇'으로 알아차리고자 하는 것이다. 이때 임자의 마음 안에 자리하고 있는 '그것'을 가리키는 것이 '고'이다. 그래서 사람들은 "이것은 무엇이고(무엇+이+고)"라고 말한다.

한국말에서 '~고'는 아직 어떠한 것으로도 여겨지지 않은 상태의 '~것', 즉 '그냥 그것인 것'으로서 '본디의 그것'을 가리킨다. 그런데 임자는 느끼고, 알고, 바라고, 이루는 임자로 살아가기 때문에 '본디의 그것'을 있는 그대로 두지 않는다. 임자는 본디의 그것인 '고'를 '무엇'으로 묻고 따지고 풀어서 어떠한 것으로 여길 수 있게 되면, '~이지', '~이다', '~이라'와 같은 판단을 내린다. 임자는 이러한 판단을 바탕으로 삼아, 스스로 뜻을 내거나 둘 수 있는 하나의 몸통으로 자리 잡게 된다.

한국사람은 마음 안에 자리하고 있는 '그것'을 가리키는 '고'를 붙들고, 마음 밖에 널려 있는 갖가지 것에 대해 묻고 따지고 푸는 일을 한다. '고'에 기대어서 '무엇'에 대해 깊고 넓게 '곰곰이' 묻고 따지는 일을 거듭함으로써, 깨침과 깨달음에 이를 수 있다. 그리고 이러한 깨침과 깨달음을 바탕으로 삼아, 나와 우리가 살아갈 수 있도록 살리는 일을 하는 모든 것, 즉 나, 너, 우리, 남, 풀, 나무, 벌레, 짐승, 산, 강, 들, 해, 달, 별과 같은 모든 것에 크게 고마워하게 된다. 한국말에서 '고'는 '곰', '곰곰이', '고마', '고맙다', '골'과 바탕을 같이하는 말이다.

결국 '이뭣고'를 묻고 따지는 일의 길잡이로 삼기 위해서는 먼저 '이', '것', '이것', '무엇', '뭣', '무릇', '무리', '묻다', '물음', '그', '고', '그것', '곰곰이', '고마', '고맙다'가 무엇을 뜻하는 말인지 잘 알아야 한다. 그러지 못하면 '이뭣고'를 붙들고 아무리 애를 쓰더라도 좋은 열매를 맺기 어려울 것이다.

10 조상의 빛난 얼을 오늘에 되살려
— 얼·얼치기·얼다

박정희 전 대통령은 1968년 12월 5일에 〈국민교육헌장〉을 선포했다. 이때부터 관공서나 학교에서 공식적인 행사를 치를 때면, 반드시 식순 첫머리에 〈국민교육헌장〉을 함께 낭독해야 했다. 정부에서는 학생들이 〈국민교육헌장〉을 외도록 했고, 교과서 첫머리에도 〈국민교육헌장〉이 실렸다.

〈국민교육헌장〉을 만드는 일에는 학자, 정치가, 관료들이 함께 했는데, 특히 김성근, 박종홍, 박준규, 박희범, 유형진, 이규호, 이만갑, 이인기, 정범모와 같은 이들이 중심을 이루었다. 1968년 11월 정기국회에서 만장일치로 통과시킨 것을 12월 5일에 대통령이 선포했다.

〈국민교육헌장〉은 이렇게 시작한다.

우리는 민족중흥의 역사적 사명을 띠고 이 땅에 태어났다. 조상의 빛난 얼을 오늘에 되살려, 안으로 자주독립의 자세를 확립하고, 밖으로 인류 공영에 이바지할 때다.

이것을 읽고 외운 사람들은 "조상의 빛난 얼을 오늘에 되살려 민족중흥의 역사적 사명을 이룩하는 것"을 마땅히 해야 하는 일처럼 여기게 되었다. 이때부터 '조상의 빛난 얼'이라는 말이 일상으로 널리 쓰였다.

〈국민교육헌장〉에 '조상의 빛난 얼'이라는 말이 들어가게 된 것은 위당(爲堂) 정인보가 1935년 1월 1일부터 1936년 8월 29일까지 《동아일보》에 "오천년간 조선의 얼"이라는 제목으로 한국사를 연재한 것에서 비롯한다. 정인보는 일제강점기에 "조선의 역사"라는 제목을 붙일 수 없는 상황에서, "조선의 얼"이라는 어정쩡한 제목으로 2년에 걸쳐 한국사에 관한 글을 연재했다. 그리고 광복 이후에는 이 글을 모아서 『조선사연구』라는 제목으로 1946년에 출간했다.

정인보는 1935년에 연재를 시작하면서, 첫머리에 얼의 뜻을 이렇게 풀었다.

누구나 어릿어릿 하는 사람을 보면 얼빠졌다고 하고, 멍하니 앉인 사람을 보면 얼이 하나도 없다고 한다. 사람의 고도리는 얼이다. 얼이 빠져버리었을진대, 그 사람은 껍풀사람이다. 이것은 그리 신기한 말이 아니다. 초동목수(樵童牧竪)라도 다 아는 것이다."

  그의 말을 살펴보면, ① 얼은 사람의 꺼풀 속에 들어 있는 것이고, ② 얼은 빠져서 줄어들 수 있는 것이고, ③ 얼이 빠져서 줄어든 사람은 어릿어릿하게 되고, ④ 얼이 모두 빠져버린 사람은 멍하게 되고, ⑤ 얼은 사람의 고도리인 것이다. 그는 조선사람은 조선의 얼을 굳게 지켜서, 오천 년을 이어온 겨레의 줏대를 살려가야 한다고 말했다.

  정인보가 이야기하는 얼은 넋, 혼, 백, 정신 등과 비슷하다. 그는 김규식, 문일평, 박은식, 신채호, 안재홍, 주시경, 최석하 등이 말한 국성(國性), 국수(國粹), 국혼(國魂), 민족정기(民族正氣), 조선심(朝鮮心)과 같은 흐름 위에서 조선의 얼을 말하고 있다. 그런데 그가 말하는 조선의 얼은 굳이 뜻을 풀어주어야 할 만큼 낯설고 미지근한 말이었다. 그는 일제의 검열을 벗어나기 위한 방편으로 이런 식의 제목을 붙였을 것이다. 주시경이 '대한의 글'이라는 말을 쓸 수 없는 상황에서 '한글'이라는 말을 만들어 쓰고, 최현배가 '대한의 말본'이라는 말을 쓸 수 없는 상황에서 '우리 말본'이라는 말을 만들어 쓴 것처럼.

** 여기서 정인보는 고도리를 '사람이 문을 고여서 문이 돌아갈 수 있게 만드는 것', 즉 문의 지도리(=돌쩌귀)를 뜻하는 말로 쓰고 있다.

정인보는 '조선의 얼'에서 얼을 좋은 뜻으로 썼다. 그는 "얼이 사람의 고도리이다"라고 말하면서, 얼을 넋이나 혼을 추스르는 줏대처럼 풀었다. 그런데 한국사람이 나날이 쓰는 얼이라는 말은 썩 좋은 뜻이라고 할 수 없다. 이를테면 사람들은 어떤 것이 어설프거나 어리석은 상태에 있을 때 '얼추', '얼치기', '얼간이', '얼뜨기', '얼핏', '얼른', '얼렁뚱땅', '어리바리', '어리다', '어리석다', '어림하다', '어림짐작하다', '얼버무리다' 등으로 말한다.

─── 얼고 어리고 얼이고 얽고 얽히는 것이 곧 '얼'

한국말에서 '얼'은 '얼다', '얼이다'와 뿌리를 같이하는 말이다. '얼'은 물이 얼어서 얼음이 되듯이, 이것과 저것이 얼려서 하나의 얼개를 이루고 있는 것을 말한다. 옛말에서 볼 수 있는 '얼다(얼음이 얼다)', '얼의다(앙금이 어리다)', '얼이다(암수가 하나의 짝이 되다)', '얼우다(얼음이 되게 하다)', '얽다(얼기다-얼게 하다)', '얽히다(얼기히다-얼게 되다)'에서 말하는 '얼'은 모두 이것과 저것이 얼어서 하나의 얼개를 이루는 것을 가리킨다.

이것과 저것이 얼어서 하나의 얼개를 이루는 것은, 얼게 된 까닭이 사라지면 다시 이것과 저것으로 나뉠 수 있다. 이를테면 물이 차가워져서 얼음이 되었다가 차가워지는 것이 사라지면 다시 물로 바뀌고, 이쪽과 저쪽이 뜻으로 하나의 우리를 이루었다가 뜻이 사라지면 다시 남남으로 바뀌는 것과 같다. 따라서 이것과 저것이 얼어서 하나의 얼개를 이루는 것은 상황에 따라 이리저리 바뀔 수 있는 일이다.

'얼굴'도 옛말에서는 어떤 것에서 볼 수 있는 얼개의 모양새를 가리키는 말이었다. 옛날에는 型, 形, 式, 模와 같은 한자 낱말을 모두 '얼굴 형(型)', '얼굴 형(形)', '얼굴 식(式)', '얼굴 모(模)'로 새겼다. 그러니까 옛말에서 얼굴은 한 사람의 몸이 가진 전체적인 모양새를 가리키는 말이었고, 오늘날 얼굴이라고 말하는 것을 옛날에는 주로 '낯', '낯짝'으로 일컬었다.

이것과 저것이 얼어서 하나의 얼개를 만드는 것에는 크게 두 가지가 있다.

하나는 마음 밖에 자리하고 있는 '사물의 얼개'이다. 이를테면 산, 강, 바위, 책상, 건물과 같은 사물은 저마다 나름의 얼개를 갖고 있다. 다른 하나는 마음 안에 자리하고 있는 '느낌의 얼개'이다. 이를테면 사람들이 산, 강, 바위, 책상, 건물과 같은 것을 겪어보게 되면, 마음의 안에 이런 것에 대한 '느낌의 얼개'가 생겨나서 자리하게 된다. '느낌의 얼개'를 상(相/象/像), 심상(心象), 이미지(image)라고도 한다. 사람들은 마음 안에 자리한 '느낌의 얼개'를 바탕으로 마음 밖에 있는 '무엇'을 '어떠한 것'으로 느끼고, 알고, 바라고, 이루는 일로 나아간다.

어떤 사람을 두고 '얼빠진 사람'이라고 말하는 것은, 그가 어떤 것을 눈으로 보았는데도 마음 안에 그것에 대한 '느낌의 얼개'가 생겨나지 않는 것을 가리킨다. 이런 사람은 눈으로 어떤 것을 보더라도 마음 안에 '느낌의 얼개'가 생겨나지 않기 때문에 '무엇'을 '어떠한 것'으로 느끼고, 알고, 바라고, 이루는 일을 할 수가 없다.

그런데 '느낌의 얼개'가 생겨난다고 해서 느끼고, 알고, 바라고, 이루는 일을 잘할 수 있는 것은 아니다. 마음 안에 있는 '느낌의 얼개'를 길잡이로 삼아, 마음 밖에 있는 '사물의 얼개'를 잘 헤아릴 수 있어야 '무엇'을 '어떠한 것'으로 느끼고, 알고, 바라고, 이루는 일을 잘할 수가 있다.

사람들이 '얼핏' 보거나 들은 것을 가지고 '얼추' 그리고 '얼른' 느끼고, 알고, 바라고, 이루는 일을 하게 되면, '얼치기'가 되거나 '얼간이'가 되거나 '얼뜨기'가 된다. 이런 까닭에 '얼핏' 하고 '얼른' 하고 '얼추' 하는 '얼'의 단계에 머무르는 사람은 무엇을 제대로 알아보고, 알아듣고, 알아차릴 수가 없다. 이는 가장 멀리해야 하고, 가장 두려워해야 할 일이다. 이러니 옛사람들이 넋이라고 말한 것을 굳이 얼로 바꾸어서 말하는 우리의 말버릇을 다시 생각해보아야 한다.

다섯째 판

서르 ᄉᆞᄆᆞᆺ디
아니훌씨

01 나라와 國家는 어떻게 같고 다를까

02 있고 없음과 有無는 어떻게 같고 다를까

03 존재와 存在와 be는 어떻게 같고 다를까

04 가운데와 中과 center는 어떻게 같고 다를까

05 모·금·겉과 點·線·面과 point·line·face는 어떻게 같고 다를까

06 뫼와 山과 mountain은 어떻게 같고 다를까

07 물과 水와 water는 어떻게 같고 다를까

08 개와 犬과 dog는 어떻게 같고 다를까

09 돈과 錢과 money는 어떻게 같고 다를까

10 사무침과 疏通과 communication은 어떻게 같고 다를까

01
나라와 國家는 어떻게 같고 다를까

대한민국 헌법 제1조를 보자.

① 대한민국은 민주공화국이다.

② 대한민국의 주권은 국민에게 있고, 모든 권력은 국민으로부터 나온다.

대한민국이 어떤 국가인지 알려면 헌법 제1조에서 말하는 '국(國)'과 '민(民)'이 무엇을 뜻하는지 알아야 한다. 그래야 민국(民國)이 무엇이고, 국민(國民)이 무엇이고, 민주(民主)가, 주권(主權)이, 공화(共和)가 무엇인지 알아볼 수 있다.

──── 국가(國家)=나라 국(國)+집 가(家)

國은 한자 낱말로 '囗+戈+一+口'로 이루어진 글자이다.

國에서 '囗(에워쌀 위)'는 王(왕)이 다스리는 땅을 나타낸다. 王이 다스리는 땅의 경계를 囗와 같은 모양으로 그려놓은 것이다. 囗

가 王이 다스리는 땅을 뜻하기 때문에, 囗에 王이 들어가는 글자를 만들어서 國을 대신하기도 한다(그런데 스마트폰 문자판에서는 囗와 王으로 된 글자를 쓸 수 없다).

國에서 '戈(창 과)'는 어떤 것을 찌르는 창을 뜻하는 글자이다. 國에서 民(민)은 손에 창을 들고 王이 다스리는 땅을 지키는 일을 맡아서 해야 한다. 그러지 않으면 民은 王에게 죽임을 당한다.

國에서 '一(한 일)'은 民이 발을 딛고 살아가는 王의 땅을 나타낸다. 民이 王의 땅에 발을 딛고 살아가려면 王에게 목숨을 바쳐서 빌붙어야 한다. 民은 언제나 王에게 머리를 조아려야 한다.

國에서 '口(입 구)'는 戶口(호구)로, 王이 거느리는 낱낱의 民을 뜻한다. 民은 오직 王이 시키는 바를 따라가면서 王이 베푸는 은덕만을 기다려야 한다.

정리하면, 國이라는 글자는 王이 다스리는 땅에 붙어서 살아가는 戶口들이 손에 창을 들고 王의 땅을 지키는 모습을 그려놓은 글자라고 할 수 있다. 이러한 國이 중국에서 3,000년이 넘도록 이어져 왔다.

國이라는 글자에는 民이 國의 主人(주인)으로 구실할 수 있는 자리가 없다. 國의 主人은 오로지 王이고, 이러한 王을 도와서 民을 거느리는 일을 하는 이들이 人(사람 인)으로서 귀족 또는 관리이다. 民은 人과 생김새는 같지만 人의 부림을 받으며 살아가는 처지에 있다.

중국사람은 國에 家(집 가)를 붙여서 國家라는 말을 만들어 썼는데, 國家는 國이 家에 바탕을 두고 있음을 강조하는 말이다. 이는 國家가 어떠한 家門(가문)의 혈통을 좇아서 세습되는 조직체임을 말한다. 그런데 19세기 말부터 국가가 왕조국가, 민족국가, 입헌국가, 민주국가 등을 아울러서 가리키는 말로 쓰이게 되었다.

국가는 세 갈래의 사람으로 이루어져 있다. 땅의 主人인 王, 王을 도와서 民을 부리는 일을 하는 人, 王과 人에 기대어 살아가야 하는 民이다. 이때 王은 주권자(主權者)를 말하고, 人은 주권자를 대리하여 民을 부리는 통치자(統治者) 무리를 말하고, 民은 王과 人이 통치의 대상으로 삼는 피치자(被治者) 무리를 말한다.

국가에서 주권자인 王을 몰아내고, 王을 대신하여 피치자 무리인 民을 주권자의 자리에 올려놓은 국가를 民國(민국)이라고 부른다. 20세기 초에 중국사람이 민족에 바탕을 둔 三民主義(삼민주의)를 내세우면서, 민국이라는 말을 만들어 썼다. 中華民國(중화민국)이라는 국가가 민국의 출발점이라고 할 수 있다. 그들은 피치자인 民을 주권자로 만들면 民이 주인이 되는 국가를 만들 수 있다고 보았다.

중화민국을 앞세웠던 이들은 피치자인 民을 民으로 부르는 한, 民이 주인이 되는 국가를 만들 수 없다는 데는 생각이 미치지 못했다. 民이 주인이 되기 위해서는 피치자 무리인 民이 통치자 무리인 人의 자격을 갖도록 하는 일이 먼저 일어나야 했다. 하지만 그들은 그런 생각을 하지 못했다.

중국에서 사회주의 사상이 퍼져 나가면서, 民이 人의 자격을 갖게 하기 위해 人民(인민)이라는 말을 새롭게 만들어 쓰게 되었다. 이때 人民은 '人과 民' 또는 '人으로서의 民'을 뜻하는 말이다.

중국에 사회주의 국가가 들어서면서, 국가 이름을 中華人民共和國(중화인민공화국)으로 부르게 되었다. 이때부터 중국에서 3,000년이 넘도록 피치자 무리로 살아온 民이 人의 지위를 갖게 되었다. 오늘날 중화인민공화국은 人의 자격을 가진 民이 주권자로서, 주인 노릇을 하는 국가이다. 그런데 그들은 아직도 人民이라는 말 때문에 民에 담긴 어두운 역사의 그늘을 완전히 벗어나지 못하고 있다. 그리고 일본은 아직도 天皇(천황)을 받드는 국가이기 때문에 국민이 모두 民으로 불리도록 되어 있다.

王에게 기대어서 뜻을 펴는 民의 무리가 스스로 뜻을 펴는 人의 무리로 바뀌면, 온전한 주인으로 자리할 수 있다. 그리고 이렇게 된 人은 더는 民이라는 이름으로 불릴 수 없다. 이는 마치 노예에서 해방된 사람을 계속 노예라고 부를 수 없는 것과 같다. 그런데 중화민국과 중화인민공화국, 대한민국과 조선민주주의인민공화국과 일본은 아직도 民이라는 말에서 벗어나지 못하고 있다.

한국사람은 1919년 무렵 임시정부를 만들 때, 나라 이름을 '대한민국(大韓民國)'이라고 정했다. 민본, 민생, 민중, 민족, 국민, 민국 등을 바탕으로 삼아 '대한민국'이라는 이름을 지었다고 할 수 있다.

'大韓民國'에서 '民國'은 스스로 뜻을 펴는 人의 무리로써 이루어진 나라가 아니라, 王에게 기대어 뜻을 펴는 民의 무리로써 이루어진 나라를 뜻하는 말이다. '대한민국'은 조선왕조와 대한제국과 일본제국에서 民으로 살아온 사람들이 民의 굴레를 벗어나 人의 자격을 가지고 만든 나라임에도, 大韓'人'國이 아니라 大韓'民'國이 되고 말았다.

오늘날 '대한민국'이라는 이름과, 대한민국의 헌법과 법률은 모두 '民'으로 되어 있다. '民'이 아닌 사람을 '民'으로 부르는 것은 노예가 아닌 사람을 노예라고 부르는 것과 같다. 왜 이처럼 어처구니없는 일이 벌어지게 되었는가. 지도자, 학자, 지식인이라고 하는 이들이 개념 없이 개념을 주고받고, 생각 없이 생각을 주고받는 일을 줄기차게 이어왔기 때문이다.

─── 나라=나+라

한국사람은 國을 '나라'라고 새겨서 '나라 국(國)'이라고 말한다. 사람들은 '나라'와 '국가'를 같게 여겨서, '나라'를 '국가'라 하고 '국가'를 '나라'라 한다. 그런데 대한민국의 헌법과 법률, 각종 교과서에는 '국가'라는 말만 나올 뿐, '나라'라는 말은 찾아보기 힘들다.

이런 까닭에 학교 교육을 받게 되면서부터 저절로 나라, 나라사람, 나라땅, 나라겨레, 나라말, 나라법과 같은 말을 멀리하게 된다. 사람들은 '국민'이 '나라사람'을 크게 낮추어서 부르는 말임을 알지 못한 채, 오히려 '나라사람'을 '국민'으로 불러야 유식한 것으로 알고 있다.

옛날 한국사람이 國이라는 글자를 처음으로 가져다 쓸 때는 그 뜻을 '나라'와 같은 것으로 알아보았다. 그때는 '나라'가 무엇을 뜻하는 말인지, 그 바탕을 또렷이 알고 있었다. 그런데 시간이 흐르면서 국, 국왕, 국군, 국가, 국사, 국경, 국토와 같은 말을 익숙하게 배우고 쓰게 되자, '나라'가 가진 본래의 뜻을 완전히 잊어버리고 말았다.

오늘날 한국사람에게 '나라'의 뜻을 물으면 '국가'라고 대답한다. 한국사람은 '나라'를 가지고 '국가'의 뜻을 알아보는 것이 아니라, '국가'를 가지고 '나라'의 뜻을 알아본다. 옛날과는 완전히 거꾸로 되었다.

'나라'는 '나+라'로 이루어진 말이다. '나'는 낱낱의 나를, '라'는 '가거라', '오거라', '먹거라', '학생이라', '책이라' 할 때의 '~라'를 가리킨다.

'나라'는 낱낱의 '나'에게 "나는 어떻게 하라(너는 돈을 벌면 세금을 내라)"라고 하거나, "나는 무엇이라(너는 세금을 내야 하는 납세자이라)"라고 말할 수 있는 어떤 것을 가리키는 말이다. '나라'는 낱낱의 '내'가 무슨 구실을 어떻게 해야 하는 사람인지 하나하나 규정하는 말로, '내'가 우리가 되어 함께 어울려 살아가는 바탕이다.

'나라'는 낱낱의 내가 우리로서 함께 어울려 살아가는 바탕이자, 나를 나답게 만드는 데 반드시 있어야 하는 것이다. 낱낱의 나는 나라사람으로서, 나라땅에 터를 잡고, 나라에서 나에게 '~라'라고 규정하는 것을 바탕으로 삼아, 온갖 일을 하면서, 스스로 나를 나답게 만들어간다.

'나라'는 나를 나답게 만드는 데 반드시 있어야 하는 것이기 때문에, 내가 나를 나답게 만들려면, 나는 나를 나답게 만들 수 있는 '나라'가 되게 해야 한다. 이런 까닭에 낱낱의 내가 '나라'를 제대로 만드는 일에 함께하는 것이 무엇보다 중요하며, 나는 '나라'를 제대로 만드는 일에 참여할 수 있는 힘을 길러야 한다. 이런 일을 남이 알아서 해주도록 바라서는 안 된다.

'나라'는 낱낱의 나를 우리로서 함께 살아가도록 하는 바탕이기 때문에, 어느 누구도 '나라'를 오로지해서는 안 된다. 모든 것은 언제나 우리 모두를 바탕으로 이루어져야 한다. 이런 까닭에 왕이 '나라'를 오로지하거나, 대통령이 '나라'를 오로지하거나, 어떤 계급이, 어떤 세력이, 어떤 집단이 나라를 오로지하는 일이 생기면, 나는 나를 나답게 만드는 바탕을 잃어버리게 된다. 그리고 수많은 이들에게 돌이킬 수 없는 아픔을 가져오게 된다.

이렇게 볼 때, 한국사람이 '나라'라는 말을 만들어 써온 데는 다음과 같은 세 가지 뜻이 담겨 있다고 할 수 있다.

첫째, '나라'는 낱낱의 나를 "나는 무엇이라"라고 규정하고, 나에게 "나는 무엇을 하라"라고 규정하는 것으로서, 내가 나인 것의 바탕을 이룬다.

둘째, '나라'는 낱낱의 내가 우리로서 함께 어울려 살아가는 일이 어떻게 이루어져야 하는지, 공공(公共)의 실체를 드러낸다. 한국사람은 '나라'를 통해 드러나는 공공의 실체를 몇 개로 나누어 말해왔다. 낱낱의 '나'를 뜻하는 '아름[=私(사)]', 아름이 모두로서 함께하는 '그위[그위 公(공)과 그위 官(관)]', 그리고 '그위'에서 아래에 있는 낱낱의 '나'를 함께 어울리게 만드는 잣대인 '고루와 두루[고루 調(조), 고루 和(화), 두루 周(주), 두루 普(보), 두루 遍(편)]', 그리고 사람들이 이러한 잣대에 기대어 저마다 맡아서 이루어야 하는 '구실[=그윗일(公事, 國事)]', 그리고 사람들이 나라사람으로서 나라땅에 함께 어울려 살아가면서 이르고자 하는 '나다움'과 '사람다움'과 '아름다움'이 바로 그것이다.

셋째, '나라'는 우리로서 함께 어울려 살아가는 모두가 저마다 나름으로 나답고, 사람답고, 아름답게 될 수 있는 방식으로 만들어지고 굴러가야 하기 때문에 어느 누구도 오로지할 수 없다. 저만을, 또는 저들만을 위해 나라를 만들거나 나라를 이끌어가는 일이 있어서는 안 된다.

02

있고 없음과 有無는
어떻게 같고 다를까

───── **'있다'와 '있을 유(有)·있을 재(在)·있을 존(存)'**

'있다'는 '이'와 뿌리를 같이하는 말이다. '무엇'이 '~이'로서 드러나 있는 것을 '있다'라고 말한다. "책이 여기에 있다"는 '무엇'이 '책이'라는 것으로 드러나 '여기'에 자리하고 있음을 나타낸다.

무엇이 '~이'로서 드러나 있다는 것은 '이미 있는 것'에서 '바야흐로 있는 것'을 거쳐서 '앞으로 있게 될 것'으로 이어지는 것을 말한다. 사람들은 '이미'에서 '바야흐로'로 이어지는 것을 바탕으로 삼아서, 무엇을 '있는 것'으로 말한다. 이러한 '있는 것'은 앞으로 이렇게 또는 저렇게 달라질 수 있다.

사람들이 '무엇'에 대해 생각을 하게 되면 '무엇'이 '~이'로서 드러나 어떤 곳에 자리할 수 있게 된다. 예컨대 '쥐처럼 작은 고양이'에 대해 생각을 하게 되면, '쥐처럼 작은 고양이'와 어떠한 곳을 엮어서 "쥐처럼 작은 고양이가 집에 있었다"라고 말할 수 있다.

이와 같이 사람들이 무엇에 대해 새로운 생각을 펼치게 되면, 새로운 무엇이 어디에 있음을 말할 수 있다.

'무엇'에 대해 생각이 미치지 못하면 '무엇이' '~이'로서 드러나 자리할 수 없기 때문에 그것에 대해서는 '무엇이 있다는 것'을 말할 수 없다. 이런 까닭에 '무엇'이 자리할 수 있는 곳이 있더라도 '무엇이 있다는 것'이 앞서지 않으면 '무엇이 있다는 것'은 말해질 수 없다. 이는 '없다는 것'이 '있다는 것'을 앞서지 못함을 뜻한다.

한국사람은 '무엇이 있다는 것'을 말할 때, 한자에서 '有(유)', '在(재)', '存(존)'을 빌려서 유식(有識), 소유(所有), 점유(占有), 공유(公有), 사유(私有) 등으로 쓴다. 그리고 이를 모두 '있을 유(有)', '있을 재(在)', '있을 존(存)'으로 새긴다. 그런데 한자에서 '有', '在', '存'은 가리키는 뜻이 서로 다르다.

'有'는 '又(우)'와 '月(월)'에 바탕을 둔 글자로, 사람이 손에 고기를 쥐고 있는 것을 뜻한다. 사람이 어떤 것을 가지고 있음을 강조하는 말이다.

'在'는 '才(재)'와 '土(토)'에 바탕을 둔 말로, 땅에서 어린싹이 돋아나서 자라나는 것을 뜻한다. 어린싹이 자라는 땅을 강조하는 말이다.

'存'은 '才(재)'와 '子(자)'에 바탕을 둔 말로, 땅에서 어린싹이 돋아나서 자라나는 것처럼 아이가 태어나서 자라는 '것'을 가리킨다. 어떤 것이 살아 있음을 뜻하는 말이라고 하겠다.

─── '없다'와 '없을 무(無)'

'없다'는 '업다'와 뿌리를 같이하는 말이다. '무엇'이 다른 것에 업혀 있어서 '~이'로서 드러나 자리할 수 없는 까닭에, '어떤 것'으로도 있을 수 없다. 사람들은 '어떤 것'으로 있지 않은 것을 "어떤 것이 없다"라고 말한다.

"어떤 것이 없다"라는 말은 "어떤 것이 있다"를 전제로 한다. 즉, 이미 있었거나 바야흐로 있거나 앞으로 있을 어떤 것에 기대어서, 어떤 것이 어떤 곳에 있지 않을 때 "어떤 것이 없다"라고 말한다.

어떤 것이 어디에 '있는' 것에서 어떤 것이 어디에 '있지 않은' 일이 일어나게 된다. 어떤 것이 어디에 '있지 않게 되는' 일이 곧 어떤 것이 어디에서 '없어지는' 일이다. 따라서 어떤 것이 '없다는 것'은 어떤 것이 어떤 곳에서 '없어지는 과정'을 거쳐서 이루어지는데, 이것은 크게 두 가지로 나타난다.

첫째, 어떤 것이 어떤 곳에서 다른 곳으로 자리를 옮겨서, 어떤 곳에서 없어지게 되는 것이다. 이쪽 접시에 있던 빵이 저쪽 접시로 옮겨지면 이쪽 접시에는 빵이 없어진다. 이처럼 어떤 것이 자리를 옮겨가게 되면, 자리를 잣대로 삼아서 그것의 있고 없음을 말할 수 있게 된다.

둘째, 어떤 것이 어떤 곳에 머물러 있으면서, 다른 것과 어우르는 일을 통해서, 어떤 것이 사라져서 없어지게 되는 것이다. 종이를 불에 넣으면 불에 종이가 타서 없어지고, 빵을 먹으면 위장에서 빵이 소화되어 없어진다. 이처럼 어떤 것이 다른 것과 어우르는 일이 일어나게 되면, 어떤 것을 잣대로 삼아서 그것의 있고 없음을 말할 수 있게 된다.

한국사람은 '무엇이 없다는 것'을 말할 때, 한자에서 '無(무)'를 빌려서 무위(無爲), 무지(無識), 무산(無産), 무소유(無所有) 등으로 쓴다. 그리고 이를 '없을 무(無)'로 새긴다. '無'는 무당이나 제사장이 춤추는 모습을 나타낸 글자로, 무당이나 제사장이 '~이'로서 드러나 있지 않은 존재를 불러내는 것에 바탕을 둔 말이다.

── '차 있다'와 '참 진(眞)·열매 실(實)', '비어 있다'와 '빌 허(虛)·빌 공(空)'

'차 있다'는 '어떤 것'이 '어떤 곳'을 메우고 있음을 말하고, '꽉 차 있다'는 어떤 것이 어떤 곳을 다 메우고 있어서 더는 들어갈 수 없음을 말한다. '어떤 것'이 '어떤 곳'을 다 채우면 다른 것이 들어갈 수 있는 곳이 없어지고, '어떤 것'이 '어떤 곳'을 다 채우지 않으면 다른 것이 들어갈 수 있는 곳이 남아 있게 된다. 이렇게 다른 것이 들어갈 수 있는 곳을 가리켜 '비어 있다'라고 한다. '어떤 곳'이 '비어 있다는 것'은 다른 것이 들어가서 새로운 일이 비롯할 수 있는 상태임을 뜻한다.

'비다'는 '비롯하다', '빌다'와 뿌리를 같이하는 말이다. 어디든지 비어 있는 곳이 있어야, 이것이나 저것이 움직일 수 있어서, 어떤 일이 새롭게 비롯할 수 있다. 사람들은 제가 바라는 어떤 일이 새롭게 비롯할 수 있도록 하늘이나 조상이나 다른 존재에게 비는 일을 한다.

어떤 것을 새롭게 만들려면, 먼저 어떤 일이 새롭게 비롯할 수 있도록 빈 곳을 만들어야 한다. 빈 곳을 만들기 위해서는 안에 있는 것을 버려서 속에 빈 곳을 만들거나, 밖으로 둘레를 넓혀서 바깥으로 빈 곳을 만들어야 한다. 그런데 어떤 사람은 안팎으로 빈 곳을 만들어서, 어떤 일이 새롭게 비롯할 수 있는 곳을 가장 크게 만들려고 한다.

한국사람은 '차 있음'과 '비어 있음'을 말할 때, 한자에서 '眞(진)', '實(실)', '虛(허)', '空(공)'을 빌려서 진실(眞實), 진상(眞相), 진리(眞理), 실상(實狀), 충실(充實), 허공(虛空), 허상(虛像), 공허(空虛), 공상(空想), 공염불(空念佛) 등으로 쓴다. 그리고 이들을 '참 진(眞)', '열매 실(實)', '빌 허(虛)', '빌 공(空)'으로 새긴다.

'眞'은 '鼎(정)'과 '匕(비)'에 바탕을 둔 글자로, 솥에 담겨 있는 좋은 음식과 수저를 함께 차려서 신에게 바치는 것을 뜻한다. 정성스러운 마음으로 바친다는 뜻을 강조하는 말이다.

'實'은 '宀(면)'와 '貫(관)'에 바탕을 둔 글자로, 집에 땅과 돈이 가득 있다는 것을 뜻한다. 재물이 많아서 부유함을 강조하는 말이다.

'虛'는 '虎(호)'와 '丘(구)'로 되어 있으나, '虎'와 '丘'로는 '虛'의 뜻을 알기 어렵다. 다만 '虛'가 쓰이는 것을 살펴보면 '虛'와 '空'이 서로 짝을 이루고 있음을 알 수 있다. 어떤 것의 바깥쪽이 비어 있을 때 주로 '虛'라고 하며, '虛空'은 어떤 것의 바깥쪽이 텅 비어 있는 것을 말한다. '虛像'은 허공에 그냥 떠 있는 像을 말하고, 허허(虛虛)벌판은 그냥 그대로 텅 비어 있는 벌판을 말한다.

'空'은 '穴(혈)'과 '工(공)'으로 되어 있는 글자로, 장인이 어떤 것에 구멍을 만드는 것을 뜻한다. 어떤 것의 안쪽이 비어 있을 때 주로 '空'이라고 하며, '空虛'는 안쪽이 텅 비어서 아무것도 없는 것을 말한다. '空想'은 안쪽에서 일어나는 비어 있는 생각을 말하고, '空念佛'은 아무런 알맹이도 없는 염불을 말한다.

한국사람은 한국말을 바탕으로 '있는 것', '없는 것', '차 있는 것', '비어 있는 것'이 무엇을 뜻하는지 제대로 묻고 따지고 푼 것을 바탕으로 삼아서, 중국사람이 말하는 '有', '在', '存', '無', '眞', '實', '虛', '空' 등이 무엇을 가리키는 말인지 또렷하게 알아볼 수 있어야 한다. 그러지 않으면 끊임없이 어설프게 헛손질만 하게 된다.

03
존재와 存在와 be는
어떻게 같고 다를까

 '존재(存在)'라는 말은 19세기에 일본 학자들이 서양말 'be(비)'를 한자 낱말로 번역한 것이다. 개화기에 한국 지식인들이 일본사람을 좇아 '존재'라는 말을 쓰기 시작해 오늘에 이르렀다.
 서양에서 '존재'는 드러나 있는 어떠한 것의 바탕이 되는 어떤 것을 가리키는 말이다. '존재'는 지금 드러나 있는 어떠한 것을 가리키는 '현상'과 이미 드러나 있는 어떠한 것을 알아보는 '인식'의 바탕을 이루는 것으로, 사람이 어떠한 것에 대해 묻고, 따지고, 푸는 일을 하게 되는 출발점이라고 할 수 있다. 이런 까닭에 서양에서 모든 학문은 언제나 '존재'와 '현상'과 '인식'에 대한 물음을 바닥에 깔고 있다. 특히 철학은 이러한 물음에 대한 근본적인 해답을 찾고자 힘써왔다. 철학의 뼈대를 이루는 세 개의 기둥은 '존재'의 문제를 다루는 존재론, '현상'의 문제를 다루는 현상학, '인식'의 문제를 다루는 인식론이라고 할 수 있다.

그런데 일본에서 서양의 'be'를 '존재'라는 한자 낱말로 번역함으로써, 일본사람은 물론이고 한국사람이나 중국사람까지 '존재'의 뜻에 어두워졌다. 특히 한국사람은 '존재'의 뜻을 크게 잘못 알게 되었다.

한국사람이 일본을 좇아 '존재'라는 낱말을 널리 쓰기 시작한 가운데, 1920년대에 박종홍이 독일 철학자 하이데거를 소개하면서 '존재'를 '있음'으로 풀이하는 일에 앞장섰다. 이때부터 한국사람은 'be'는 '존재'를 뜻하고, '존재'는 '있음'을 뜻한다는 생각을 갖게 되었다. 그런데 이는 크게 잘못된 생각이다. 왜냐하면 'be'와 '있음'은 짜임새와 쓰임새가 크게 다른 말이기 때문이다.

사실 일본에서 'be'를 '존재'라고 번역한 것은 크게 나무랄 일이 아니다. 서양사람들이 말하는 'be'를 '존재'라는 새로운 한자 낱말로 번역해서, 그러한 뜻으로 쓰겠다는 자기들의 약속이기 때문이다. 그런데 박종홍은 '존재'라는 한자 낱말이 가진 뜻에 이끌려, 'be'를 '있음'으로 풀이했다. 하지만 '존재'의 뜻을 '있음'의 뜻으로 풀이하게 되면, 서양에서 말하는 'be'와 크게 어긋날 수 있다.

서양사람이 어떠한 것의 바탕으로 삼는 'be'는 두 종류의 문장에 근거를 두고 있다.

첫째는 "There is a book"과 같은 문장이다. 여기서 'a book=한 권의 책'은 '어떠한 것'으로 드러나 있는 현상을 근거로 삼아서 '한 권의 책'이라는 판단을 내리는 말이다. 그리고 그와 같은 판단의 근거로 삼는 것이 바로 'be(is)'이다. 이때 'there'는 'be'가 자리한 시간과 공간을 가리킴으로써, 'be'가 '어떠한 것'으로 드러나 있음을 말해준다. 사람은 '저기에' '어떠한 것'으로 드러나 있는 'be'를 근거로 삼아 'a book=한 권의 책'이라는 판단을 내리게 된다. 이러한 논리를 가지고 서양에서는 'be'를 모든 것의 바탕이 되는 '존재'라고 불렀다.

둘째는 "This is a book"과 같은 문장이다. 여기서 'a book=한 권의 책'은 '어떠한 것'으로 드러나 있는 현상을 근거로 삼아서 '한 권의 책'이라는 판단을 내리는 말이다. 이때 'this'는 'be'라는 '존재'가 이미 여기에 '어떠한 것'으로 드러나 있음을 나타낸다.

위 내용을 종합해볼 때, 'be'는 무엇을 '어떠한 것'으로 판단하는 일의 근거가 되는 '어떤 것'을 가리키는 말임을 알 수 있다.

그렇다면 한국말에서 '어떤 것'을 '어떠한 것'으로 판단을 내리는 근거가 되는 말은 무엇일까? 한국말에서 '존재'를 가리키는 말은 '것'이다. 이를테면 "이것은 책이다"라는 문장에서 '이것'은 '어떤 것'으로 드러나 있는 현상을 가리키는 말이고, '책'은 '어떤 것'으로 드러나 있는 현상을 근거로 삼아 '어떠한 것'이라고 판단을 내리는 말이다. 그리고 이때 '어떤 것'에서 '어떤'은 '것'이라는 '존재'가 이미 현상으로 드러나 있음을 가리키고, '것'은 존재 그 자체를 가리킨다.

한국말에서 '존재'를 '어떠한 것'으로 알아보는 일은 '~이다'로 이루어진다. 이를테면 "이것은 책이다"와 같은 것이다. 이 경우에 우리는 '이것'을 '책인 것'으로 알아보는 판단을 내리고 난 뒤에야, "여기에 책이 있다" 또는 "여기에 책이 없다"와 같은 판단을 내릴 수 있다.

정리하면, 한국말에서 '있음'은 '존재' 그 자체를 가리키는 말이 아니라, 이미 존재하는 '어떠한 것'의 있고 없음을 가리키는 말이다. 반면에 서양말에서 'be'는 '어떠한 것'으로 판단하기 이전의 '어떤 것'을 가리키는 말이다. 즉, 한국말의 '있음'과 서양의 'be'는 바탕이 전혀 다른 말이므로, 'be=존재=있음'이라는 공식은 되짚어볼 필요가 있다.

04
가운데와 中과 center는 어떻게 같고 다를까

    오늘날 한국사람은 영국말 'center(센터)'와 중국말 '中(중)'과 한국말 '가운데'를 모두 쓴다. 그리고 'center'와 '中'과 '가운데'가 같은 뜻이라고 생각한다. 그러나 실제로는 그렇지 않다.
    셋 다 어떤 것이 자리하고 있는 곳이 어디인지 알려주는 말이라는 점은 같다. 특히 'center'와 '中'과 '가운데'는 '나'라는 임자가 자리한 곳이 어디인지 알려주는 데 아주 중요한 구실을 한다.
    'center'와 '中'과 '가운데'는 영국사람과 중국사람과 한국사람이 각각 어떠한 방식으로 세상을 바라보는지 잘 알아볼 수 있는 열쇳말과 같다. 따라서 'center'와 '中'과 '가운데'가 어떻게 같고 다른지 살펴볼 필요가 있다.
    첫째, 'center'는 어떤 것의 한가운데를 가리키는 말이다. 이를테면 동그라미가 있으면 중심이 자리한 한가운데가 'center'이고, 길이가 8미터인 막대가 있으면 끝에서 4미터가 되는 곳에 자리한 한가운데가 'center'이다.

영국말에서 'center'는 하나의 점이나 선으로 자리한 것으로서, 그 바깥의 모든 것은 주변으로 있게 된다. 이 때문에 내가 'center'에 자리하여 세상을 바라보면, 세상은 '나'라고 하는 하나의 'center'가 있고, 내 밖의 모든 것이 주변으로 자리하게 된다. 이것이 바로 'centerism(센터리즘)'이다. 이러한 것이 나의 정체성으로 자리하게 되면, 세상의 모든 것이 '나'를 중심으로 돌아가는 'ego-centerism(에고 센터리즘)'이 된다. 극단적인 이기주의이다.

둘째, '中'은 'center'와 비슷하게 어떤 것의 한가운데를 가리키는 말이다. '中央(중앙)', '中心(중심)'이라고 말할 때의 '中'으로, '中央'과 '中心'은 모두 어떤 것의 한가운데를 가리킨다. 그런데 한가운데를 가리키는 '中'에 사이를 뜻하는 '間'을 붙여서 '中間(중간)'이라고 하면, '中'이 한가운데를 둘러싸고 있는 부분까지 늘어나게 된다. '中'이 늘어나서 덩치를 키우면 '中體(중체)'가 되고, '中華(중화)'가 되고, '中國(중국)'이 된다. 중국의 역사를 보면 그들이 '中央', '中心', '中間'의 논리에 기대어 천하를 상대로 끊임없이 '中華'와 '中國'을 넓혀간 것을 알 수 있다. 그들은 세상의 모든 것을 철저하게 중앙과 주변의 논리로 묶어서 자기중심의 평화를 이루고자 한다. 이것이 바로 살아 있는 하늘의 아들인 천자가 천하를 호령하는 평화이며, 그들이 '수신제가치국평천하'라고 말하는 것이다.

셋째, '가운데'는 '가에서 온 것' 또는 '가로 온 것'을 뜻하는 말이다. 옛말은 '가온데' 또는 '가븐데'로, 이쪽과 저쪽의 가에 자리한 것이 서로 마주하고 있을 때, 그 사이에 있는 모든 것을 가리키는 말이다. 이를테면 "열 사람 가운데 누가 가장 키가 크지?"라고 할 때, '가운데'는 열 사람 모두를 가리키는 말이다. '가븐데'도 마찬가지이다. 이쪽과 저쪽에 있는 것을 서로 가장자리가 닿도록 하여 접어서 펼치면, 접힌 부분이 모두 '가븐데'가 된다. '한가운데'는 가운데에서 가장 가운데가 되는 부분으로, '한가운데'는 오로지 하나만 자리하게 된다. 바로 이 '한가운데'가 영국말 'center'와 중국말 '中', '中央', '中心'에 해당하는 말이다.

한국사람은 모든 것을 이쪽이나 저쪽에 자리하고 있는 '쪽인 것'으로 생각한다. '쪽인 것'이 모여서 하나의 '우리'를 이루어 함께하고 있다. 그리고 이러한 '우리'는 하나의 '가운데' 속에서 모두가 함께 자리를 잡고 있다. 이런 까닭에 한국사람은 '우리 가운데'라는 말을 당연하게 받아들인다. 반면에 영국말이나 중국말에는 '우리 가운데'라는 말이 있을 수 없다. 'center'나 '中'에는 반드시 하나만 자리해야 한다고 생각하기 때문이다.

이렇듯 'center', '中', '가운데'를 살펴보면 영국사람과 중국사람과 한국사람이 세상을 바라보는 일의 바탕이 매우 다름을 알 수 있다. 그러나 오늘날 한국사람은 한국말의 차림새에 어두운 탓에, '가운데'를 'center'나 '中'과 같은 뜻으로 알고 쓴다. 참으로 안타까운 일이 아닐 수 없다.

05

모·금·걸과 點·線·面과 point·line·face는 어떻게 같고 다를까

한국사람은 초등학교 수학 시간에 도형을 배우면서 한자 낱말 '점(點)', '선(線)', '면(面)', '영(零)'에 대해 배운다. 중고등학교에 가면 '점(點)'은 '포인트(point)', '선(線)'은 '라인(line)', '면(面)'은 '페이스(face)', '영(零)'은 '제로(zero)'라며 영국말을 함께 배운다. 그런데 한국사람은 중국말이나 영국말에서 그러한 낱말들을 가져다 쓰기 전에는 그것들을 뭐라고 했는지 전혀 알지 못한다.

나는 대학 시절에 서양의 기하학 및 그와 관련된 낱말들에 관심을 갖게 되었다. 그런데 이 과정에서 놀란 것은 중국사람이 서양의 기하학을 받아들이면서, 서양에서 '땅의 크기를 셈하는 학문'을 뜻하는 'geometry(지오메트리)'를 '답이 얼마인지 묻는 학문'을 뜻하는 '幾何學(기하학)'으로 옮겼다는 것이었다.

'geometry'와 '幾何學'을 놓고 볼 때, 서양사람은 땅의 크기를 셈하는 방법을 묻고 따지는 일에 관심을 기울였던 반면에, 중국사람은 땅의 크기를 셈해서 답을 얻는 일에 관심을 기울였음을 알 수 있다. 서양사람과 중국사람은 같은 것을 두고도 보람으로 삼는 것이 달랐기 때문에 서로 다른 길을 걷게 되었다.

더욱 놀란 것은 한국사람이 'geometry'와 '幾何學'이라는 말을 대하는 태도였다. 주변 사람들 가운데 'geometry'가 무엇을 뜻하는 말인지 아는 이들은 더러 있었으나, '幾何學'이 무엇을 뜻하는 말인지 아는 사람은 없었다. 대학에서 '기하학'이라는 교과목을 배운 이들조차 '幾何學'에서 '幾何'가 '얼마지'를 뜻하는 말임을 알지 못했다. 심지어 그들은 자기가 배운 교과목 이름이 무엇을 뜻하는 말인지 모른다는 것을 아무렇지 않게 생각했다.

오늘날 우리는 수학에 바탕을 둔 인공지능 시대를 살아가고 있다. 수학과 컴퓨터를 잘하는 사람들이 큰 힘을 쓸 수 있는 세상이다. 이런 세상을 맞아, 한국사람이 수학과 컴퓨터를 잘하게 되려면 수학에서 쓰는 개념, 즉 '점', '선', '면', '영' 등이 무엇을 뜻하는지 잘 알아야 한다.

나는 일찍부터 한국사람이 중국이나 서양에서 '點/point', '線/line', '面/face', '零/zero'와 같은 낱말을 가져다 쓰기 전에 어떠한 낱말을 썼는지 매우 궁금하게 여겨왔다. 그리고 이러한 궁금증을 풀어보기 위해 여러 가지로 묻고 따지고 푸는 일을 해왔다. 그렇게 해서 알게 된 것들을 차려보면 다음과 같다.

——— '모'와 '점(點)'과 '포인트(point)'

'點/point'와 짝을 이루는 한국말 낱말은 '모'이다. '모'는 '이모저모', '세모', '네모', '쓸모', '모서리', '모퉁이', '모나다', '모질다', '모이다'의 '모'를 말한다. '모'는 이쪽에 있는 '금'과 저쪽에 있는 '금'이 서로 비스듬하게 만나서 이루는 '바로 그곳'을 가리키며, 이때 '모'는 오로지 하나의 '곳'으로서만 자리한다.

한국사람은 '이모저모', '세모', '네모', '모서리', '모퉁이'에서 볼 수 있는 '모'를 '모 방(方)'이라고 새겨왔다. '모'와 '방(方)'이 뜻에서 서로 통하는 것을 알 수 있다. 한자에서 방(方)은 '바로 그곳'을 뜻하는 글자로, 방금(方今), 방위(方位), 방향(方向), 방법(方法), 방도(方道) 등에 쓰인다. '방금(方今)'은 바로 그곳에 드러나는 이때, '방위(方位)'는 바로 그곳에 놓여 있는 자리, '방향(方向)'은 바로 그곳에서 바라보는 저곳, '방법(方法)'은 바로 그곳에서 나아가는 법, '방도(方道)'는 바로 그곳에서 나아가는 길을 뜻한다.

한국사람은 '바로 그곳'으로 있는 '모'에서 어떤 것이 새롭게 비롯하여 일어난다고 보았다. 이러한 '모'는 '쓸모'라는 말에서 볼 수 있는 '모'이다. 사람들은 '모'에서 어떤 것이 새롭게 비롯하여 일어나는 것을 '쓸데'와 '쓸모'에 비추어서, '쓸데가 있는 것'과 '쓸모가 없는 것'을 갈라서 말한다.

한국사람은 '바로 그곳'으로 있는 '모'에서 어떤 것이 새롭게 비롯하여 일어나는 '곳'을 '뜬금'이라고 말한다. '뜬금=뜨는 금'으로,

'어떤 것이 떠서 떠오르도록 사이를 내는 금'이다. 어떤 것이 새롭게 비롯하여 일어나는 일이 있으려면, 반드시 '모'에서 '뜬금'이 생겨나서 일이 일어나야 한다. '뜬금없다'는 어떤 일이 비롯하여 일어나는 '뜬금'이 어디에 자리하고 있는지 알지 못하는 상태에서, 그냥 일을 당하는 것을 나타내는 말이다.

한국사람은 '모'에 있는 '뜬금'에서 어떤 일이 비롯하여 일어날 때, 가장 앞서서 일어나는 것을 '몬저(모+ㄴ제)'라고 말한다. '몬저'의 말소리가 '먼저'로 바뀌었다고 볼 수 있다. 무엇이든 먼저 하는 것이 있어야 뒤를 따르는 다음이 있게 된다. 한국사람은 '모'에 있는 '뜬금'에서 어떤 일이 새롭게 비롯하는 것 가운데 가장 앞서서 생겨나는 어떤 것을 '몬지(모+ㄴ지)'라고 말한다. '몬지'는 비롯하여 생겨나는 것 가운데 가장 먼저 생긴 것, 그리고 가장 작은 것을 가리키는 말이다. '몬지'의 말소리가 '먼지'로 바뀌었다고 볼 수 있다. 주시경 같은 학자는 이러한 '몬지'를 바탕으로 삼아, 사물을 가리키는 말을 '몬'이라고 불렀다. 그는 '물(物)'을 '것'으로 풀이해오던 것을 따르지 않고 '몬'으로 풀이했다.

한국사람은 어떤 것을 '모'가 나게 만들어서 다른 것에 박는 데 쓰는 것을 '못'이라고 말한다. '못'은 양쪽 중 한 모서리의 끝이 뾰족하기 때문에 '못'을 다른 것에 세우거나, '못'에 다른 것을 세울 수가 없다. 어떤 것을 다른 것에 세우려면 닿아서 놓일 수 있는 자리가 있어야 하는데, '못'은 끝이 뾰족하기 때문에 닿아서 놓일 자리가 없다. 이런 까닭에 한국사람은 어떤 것을 할 수 없을 때, '못과 같은 것'이라는 뜻에서 '~을 ~지 못한다'라고 말한다.

한국사람이 '못'을 잣대로 삼아 '~을 ~지 못한다'와 같은 말을 쓰는 것은 눈앞에서 볼 수 있는 모든 일이 지구의 중력을 거스르는 일에서 비롯한다고 보기 때문이다. 사람들이 어떤 일을 하는 것은 중력을 거스르는 일을 통해 어떤 일이 일어나게 하는 것이다. 중력을 거스른다는 것은 중력의 반대 방향으로 힘을 쓰는 것을 말하고, 이는 어떤 것을 중력의 반대가 되도록 세우는 일을 뜻한다. 이런 까닭에 사람이 어떤 일을 하면 반드시 지구 중력의 반대가 되도록 세우는 일과 함께 일어나게 된다.

그런데 모서리 끝이 뾰족한 '못'으로는 중력을 거슬러서 세우는 일을 할 수가 없다. 못은 놓는 쪽과 놓이는 쪽이 함께할 수 있는 자리가 없기 때문에 세우는 일을 할 수가 없다. 이런 까닭에 한국사람은 어떤 일을 할 수 없을 때, '~을 ~지 못한다'라고 말한다. '~을 할 수 없다'는 '~을 되게 할 수 없다는 것'을 말하고, '~을 ~지 못한다'는 '~을 못과 같이 세우는 일을 할 수 없다는 것'을 말한다.

——— '금'과 '선(線)'과 '라인(line)'

'線/line'과 짝을 이루는 한국말 낱말은 '금'이다. '금'은 '눈금', '실금', '빗금', '금이 가다', '금을 긋다', '금 안', '금 밖', '뜬금', '금안(그만)하다', '금안(그만)두다'의 '금'을 말한다.

'금'은 어떤 것이 갈라진 틈새가 자국으로 드러나 여기에서 저기로 이어진 것을 말한다. 이를테면 항아리의 갈라진 틈새가 자국으로 드러나 여기에서 저기로 이어진 것을 두고 "항아리가 금이 있다", "항아리에 금이 갔다"라고 말한다.

'금'에는 '실금', '빗금', '눈금', '뜬금' 등이 있다. '실금'은 실처럼 가느다랗게 나 있는 금을 말하고, '빗금'은 비스듬하게 나 있는 금, '눈금'은 나무에 눈이 나 있는 것처럼 하나하나 사이를 두고서 나 있는 금, '뜬금'은 어떤 것이 떠오를 수 있도록 갈라져 있는 금을 말한다.

'금'은 갈라진 틈새가 자국으로 드러나 있어서 눈으로는 볼 수 있지만, 쥐거나 잡거나 당기는 것과 같은 일은 할 수 없다. 이는 그림자를 볼 수는 있지만 쥐거나 잡거나 당길 수 없는 것과 비슷하다.

여기서 저기로 이어져 있는 '금'은 이쪽과 저쪽을 갈라놓는 구실을 한다. 이런 까닭에 사람들은 어떤 것에 '금'을 그어서 이쪽과 저쪽을 가르는 경계로 삼는다.

여기서 저기로 이어져 있는 '금'을 가지고 어떤 것을 에워싸게 되면, 금의 안에 있는 쪽과 밖에 있는 쪽이 따로 하게 된다. 어떤 것을 에워싸고 있는 '금'을 경계로 삼아 안쪽에 있는 것을 안이라 하고, 바깥쪽에 있는 것을 밖이라 한다.

사람들은 '금'이 있는 것처럼 보이도록 '금'을 그리는 것을 '금을 긋다'라고 말한다. 어떤 것에 '금'을 긋게 되면 그것을 잣대로 삼아 이쪽과 저쪽을 가르거나, 안과 밖을 가리는 일을 할 수 있다.

'그만두다'는 '금안두다'를 소리 나는 대로 적은 것으로, 어떤 것을 '금의 안'에 두는 것을 말한다. 어떤 것을 '금의 안'에 그대로 두어서, 금의 밖으로 어떠한 일도 일어나지 않게 하는 것이 '그만두다'이다. 이를테면 어떤 사람이 싸움을 하다가 그만두는 것은 그 사람이 안에 있는 것을 모두 그대로 두어서, 싸우는 일이 더는 바깥으로 일어나지 않게 하는 것을 말한다.

'그만하다'는 '금안하다'를 소리 나는 대로 적은 것으로, 어떤 것을 '금의 안'에만 있게 하는 것을 말한다. 어떤 것을 '금의 안'에만 있게 해서, 금의 밖으로 어떠한 일도 일어나지 않게 하는 것이 '그만하다'이다. 이를테면 어떤 사람이 싸움을 하다가 그만하는 것은 그 사람이 안에 있는 것을 모두 그대로 있게 해서, 싸우는 일이 더는 바깥으로 일어나지 않게 하는 것을 말한다.

'금'은 그냥 자국으로만 드러나 있기 때문에 물건처럼 다룰 수 없다. 이러한 '금'을 쥐거나 잡거나 당길 수 있도록 만든 것을 '줄'이라고 한다. '금'은 긋거나 지울 수 있고, '줄'은 만들거나 잇거나 자를 수 있다.

── **'겉'과 '면(面)'과 '페이스(face)'**

'面/face'와 짝을 이루는 한국말 낱말은 '겉'이다. '겉'은 '겉이 붉다', '겉이 두텁다', '겉에 바르다', '겉을 벗기다', '손이 거칠다'에서 볼 수 있는 '겉'을 말한다. 이러한 '겉'은 거죽, 갗, 가죽, 겇, 갗과 뿌리를 같이한다.

'겉'은 안과 밖으로 나뉜 것들 가운데, 안에 속을 갖고 있는 어떤 것이 밖으로 드러나 있는 쪽을 가리키는 말이다. 이를테면 삼각형, 마름모, 원, 연필, 지우개, 구슬처럼 안과 밖으로 나뉜 것들 가운데, 안에 속을 갖고 있는 연필, 지우개, 구슬과 같은 것이 밖으로 드러나 있는 쪽을 '겉'이라고 말한다.

'안'과 '밖'으로 나뉜 어떤 것이 '속'을 갖게 되면, 자연히 '겉'을 갖게 된다. 이로써 어떤 것은 안에 있는 '속'과, 안에 있는 것과 밖에 있는 것이 만나서 함께하는 곳인 '겉'과, 밖으로 널려 있는 '바깥'을 하나로 아우르는 어떤 것으로 자리하게 된다. 이때 어떤 것은 '겉'을 통해 '안에 있는 것'과 '밖에 있는 것'이 만나서 함께하는 일을 하게 된다.

어떤 것이 겉으로 드러나 있는 것을 바탕으로 삼아 겉이 붉고/두텁고/매끄럽고/거친 것 등을 알아볼 수 있고, 겉을 바르고/벗기고/칠하고/지우는 것 등의 일을 할 수 있다.

'겉'은 어떤 것에서 볼 수 있는 거죽, 갗, 가죽 등에 바탕을 둔 말이다. 얼굴이 겉으로 드러나 있는 낯을 '낯가죽' 또는 '낯거죽'이라고 부르며, 살이 겉으로 드러나 있는 살을 '살갗', 짐승의 '거죽'을 '가죽'이라고 부른다.

어떤 것을 가리키는 '~것'은 '겉'에 바탕을 둔 말이다. 무엇이 '~'라는 '속'을 갖고 '겉'으로 드러나면, 무엇이 '어떤 것'으로 자리하게 된다. 한국사람은 생각할 수 있는 모든 것을 '~것'에 담아, 어떤 것으로 자리할 수 있게 만든다. 사람들은 이러한 '것'을 가지고 갖가지로 존재를 담아낸다.

'갖'은 '겉'과 '것'에 바탕을 둔 말이다. 사람들은 밖으로 드러나 있는 '겉'과 '것'을 바탕으로 삼아, 온갖 것들을 이런저런 무리로 가르고 나누고 차려서, 가지가지 것들을 갖가지로 느끼고, 알고, 바라고, 이루는 일을 한다.

한국사람은 안과 밖으로 나뉜 어떤 것에서 볼 수 있는 '겉'과 '속'을 잣대로 삼아 '참되다', '속이다', '거짓이다'라고 말한다. '겉'으로 드러나 있는 것이 '속'에도 차 있을 때 '참되다'라고 하며, '겉'으로 드러나 있는 것과 '속'에 차 있는 것이 서로 다를 때 '속이다' 또는 '거짓이다'라고 한다. 이때 '속이다'는 '속'이 '겉'과 같지 않음을 가리키는 말로, 누군가 '속'을 '겉'과 다르게 만들어서 '속'이 '겉'과 같지 않게 되었음을 뜻한다. 그리고 '거짓이다'는 '겉'이 '속'과 같지 않음을 가리키는 말로, 누군가 '겉'에 '속'과 다르도록 어떤 '짓'을 함으로써, '겉'이 '속'과 같지 않게 되었음을 뜻한다.

한국사람은 오랫동안 '모', '금', '겉'을 바탕으로, 어떤 것에서 볼 수 있는 '길이', '넓이', '부피'를 헤아려왔다. 그런데 언제부터인가 '점', '선', '면'으로 바꾸어 부르면서 '모', '금', '겉'이 어떠한 바탕을 갖고 있는 말인지 알 수 없게 되었다. 그리고 오늘날에는 '점', '선', '면'을 다시 'point', 'line', 'face'로 바꾸어 부르고 있다. 이러니 '모', '금', '겉'에 대해 더욱 알 수 없게 되었다.

─── '영(零)·공(空)'과 '제로(zero)', 그리고 셈하기

한자 낱말 '零'과 영국말 낱말 'zero'는 모두 아라비아숫자 '0'에서 비롯한 말이다. 서양사람이 아라비아숫자 '0'을 가져다 쓰면서 'zero'라고 불렀고, 중국은 서양에서 'zero'를 들여다가 '零'으로 불렀다. 그리고 '零'이 한국으로 들어와서 '영'이나 '공'으로 불리게 되었다.

한국사람이 '영'이나 '공'으로 부르는 '0'은 숫자의 자릿값이 비롯하는 바탕을 가리키는 말이다. 사람들은 '0'을 바탕으로 1에서 9에 이르는 숫자의 자릿값을 '일의 자리', 10에서 99에 이르는 숫자의 자릿값을 '십의 자리', 100에서 999에 이르는 숫자의 자릿값을 '백의 자리'라고 한다.

십진수로 된 자릿값을 많이 쓰는 것은 사람 손가락이 열 개이기 때문이다. 사람들은 열 개의 손가락을 하나하나 꼽아서 숫자를 헤아린다. 열 개의 손가락으로 하나, 둘, 셋을 헤아리는 것을 바탕으로 삼아, 두 팔을 바로 펴서 한 발, 두 발, 세 발 등을 헤아리고, 몸을 바로 세워서 한 길, 두 길, 세 길 등을 헤아리고, 두 발로 걸음을 걸어서 한 걸음, 두 걸음, 세 걸음 등을 헤아린다.

손가락을 꼽아서 숫자를 헤아리는 방식은 두 가지가 있다. 하나는 손가락을 모두 편 상태에서 하나씩 꼬부려가면서 숫자를 셈하는 것이고, 다른 하나는 손가락을 모두 모아 쥔 상태에서 하나씩 펴가면서 숫자를 셈하는 것이다. 그런데 어른들은 손가락을 모두 편 상태에서 하나씩 꼬부려가면서 숫자를 셈하고, 아기들은 손가락을 모두 모아 쥔 상태에서 하나씩 펴가면서 숫자를 셈하는 것을 볼 수 있다.

06
뫼와 山과 mountain은
어떻게 같고 다를까

오늘날 한국사람은 '뫼' 대신 '산(山)'이라는 말을 쓴다. 오랫동안 '뫼'를 쓰지 않으면서 바탕 낱말인 '뫼'가 한자 낱말인 '산'으로 완전히 바뀌고 말았다. 바탕 낱말로서의 '뫼'는 천자문에서 '山'을 '뫼 산(山)'이라고 새기는 것에서 그 자취를 볼 수 있을 뿐이다.

한편으로 '뫼'는 '메아리', '멧비둘기', '멧돼지'와 같은 말에서 '메'로 남아 있다. '메아리'는 서로 마주 보는 산에서 어떤 소리가 이쪽과 저쪽을 오가며 울리는 것을 말하고, '멧비둘기'와 '멧돼지'는 마을이나 집이 아닌 산에서 살아가는 비둘기와 돼지를 말한다.

지금은 한자 낱말 '산'과 함께 영국말 'mountain(마운틴)'도 많이 쓴다. 특히 야외 활동과 관련된 제품을 파는 상점이나 상표에서 'mountain'을 자주 볼 수 있다. '뫼'가 사라지고 '山'이 활개를 치는 가운데 'mountain'이 끼어들기를 하고 있다.

한국사람은 '뫼'와 '山'과 'mountain'을 같은 뜻을 가진 낱말로 알고 쓴다. 그 셋 중 어떤 말을 쓰더라도 뜻이 달라질 것이 없다고 생각한다. 그것들이 어떤 점에서 같고 다른지 전혀 알지 못하기 때문이다.

물론 '뫼'와 '山'과 'mountain'은 모두 같은 것을 가리키는 말이므로, 세 가지를 이리저리 바꾸어 쓸 수 있다. 그런데 사람들이 그러한 말을 만들어 쓰게 된 바탕을 살펴보면 그 세 가지가 서로 다름을 또렷이 알 수 있다.

먼저, '뫼=모+이'로, '온갖 것들이 모여 있는 곳'을 말한다. '뫼'는 봉우리, 마루, 중턱, 골짜기, 고개, 기슭, 자락, 들, 개울, 시내, 강 등이 모여서 함께하는 곳이고, 풀, 나무, 벌레, 짐승, 물고기, 사람 등이 모여서 함께 살아가는 곳이다.

'뫼'를 '온갖 것들이 모여 있는 곳'으로 보아서 '모+이'라고 말하게 된 것은 사람들이 터를 잡고 살아가는 곳이 그러하기 때문이다. 한국사람은 크고 작은 '뫼'와 '뫼'가 이리저리 함께 어울려서 하나의 땅을 이룬 곳에서 살아간다. 눈을 들어 주위를 둘러보면, 숱한 뫼들이 여기저기에 올망졸망 자리를 잡고 널려 있다. 사람들은 뫼가 뻗어내린 기슭에 집을 짓고, 뫼가 흘러내린 자락에서 농사를 지으며 살아간다.

한국사람은 '뫼'를 '온갖 것들이 모여 있는 곳'으로 보았기 때문에, '뫼'를 터전으로 삼아 나라를 세우고, 백성을 다스렸다. 단군 신화에서 볼 수 있는 태백산 신단수(神壇樹)나 백악산 아사달(阿斯

達)과 같은 곳이 바로 그것이다. 하늘에서 내려온 환웅천왕과 짝을 지어서 단군왕검을 낳은 웅녀는 '뫼'에서 태어나 살던 곰이 여자로 바뀐 것이고, 곰을 어머니로 둔 단군왕검이 자라서 조선이라는 나라를 처음으로 열게 된 일도 '뫼'에서 이루어졌다.

그런데 중국사람이 말하는 '山'은 평평하게 널려 있는 땅에서 뽀족하게 솟아 있는 곳을 말한다. 중국에는 황하나 양자강처럼 큰 강을 끼고 있는 곳에 이르면, 더 넓은 평야가 끝없이 이어져 있는 곳이 많다. 어떤 곳에서는 자동차로 몇 시간을 달려도 산을 전혀 볼 수 없다. 이런 까닭에 평야 지역에서는 작은 산이라도 매우 높고 크게 보인다. 중국사람이 매우 높고 큰 산으로 여기는 '태산(太山/泰山)'은 높이가 1,532미터에 지나지 않고, 넓이가 사방으로 20×20킬로미터에 지나지 않는다. 그런데도 조선시대 선비들은 태산에 가보지 못한 채로 중국사람이 말하는 태산을 매우 높고 큰 산이라고 여겨서 "태산이 높다 하되 하늘 아래 뫼이로다"와 같은 시조를 읊었다.

영국사람이 말하는 'mountain'은 라틴말에 뿌리를 두고 있다. 'mountain'은 중국말의 '山'과 같이 솟아 있는 곳을 뜻한다. 솟아 있는 곳을 일컫는 'mountain'과 펼쳐져 있는 곳을 일컫는 'plain(플레인)'이 서로 짝을 이루고 있다.

이렇듯 한국말 '뫼'와 중국말 '山'과 영국말 'mountain'은 겉으로는 같은 듯해도 속으로는 바탕을 달리하는 말이다. 특히 한국사람에게 '뫼'는 그냥 뾰족하게 솟아 있는 곳이 아니라 '모든 것이 모여 있는 곳', 온갖 것들이 터를 잡고 살아가는 곳을 가리킨다. 그런데 한국사람은 '뫼'를 버리고 '산'을 씀으로써, '山'이라는 글자의 모양에 이끌려서 '뫼'를 그냥 뾰족하게 솟아 있는 곳으로 여기게 되었다. 이 때문에 오늘날 한국사람은 오랫동안 '뫼'를 터전으로 살아온 나름의 삶이 어떠한 것이었는지 잘 알 수 없게 되었다.

07 물과 水와 water는 어떻게 같고 다를까

오늘날 한국사람은 '물'이라는 말과 함께 '水(수)'와 'water(워터)'를 아울러 쓴다. 사람들은 '물'이라는 말을 바탕으로 삼아, 중국말에서 가져온 '水'와 영국말에서 가져온 'water'를 함께 배우고 쓴다.

한국사람이 '水'나 'water'를 풀어내는 잣대로 삼고 있는 '물'은 '물다'에 바탕을 둔 말로, '물'은 '무는 것'을 뜻한다. 이런 까닭에 '물'이 무엇을 뜻하는 말인지 알기 위해서는 먼저 '물다'가 무엇을 뜻하는 말인지 살펴보아야 한다.

물=무는 것

'물다'는 어떤 것이 다른 것을 밀어서 속으로 들어가려고 하는 상태를 말한다. 이를테면 사람이 이[齒]로 대추를 무는 것은 이를 가지고 대추를 밀어서 이가 대추에 들어가도록 하는 상태를 말하고, 모기가 침으로 살갗을 무는 것은 침을 가지고 살갗을 밀어서 침이 살갗에 들어가도록 하는 상태를 말한다.

한국사람은 '물'이 다른 것을 만나면 언제나 절로 다른 것을 밀어서 속으로 들어가려고 하는 것으로 보았기 때문에 '물'을 '물'이라고 부르게 되었다. 사람이 이로 대추를 물거나 모기가 침으로 살갗을 무는 것은 언제나 절로 일어나는 일이 아니라 그렇게 하고자 할 때만 일어난다. 그런데 '물'이 다른 것을 무는 일은 물이 다른 것을 만날 때마다 언제나 절로 일어난다.

바닥이 세모꼴인 배가 물에서 넘어지지 않고 이리저리 떠다닐 수 있는 것은 물이 배의 몸통을 꼭 같은 힘으로 빈틈없이 물어주기 때문이다. 배는 물이 몸통을 물어주는 힘에 기대어, 바로 서서 떠다닐 수 있다. 이런 까닭에 바닥이 세모꼴인 배를 뭍으로 끌어올리면 곧바로 옆으로 기울어져서 바로 서 있을 수가 없게 된다.

'물다'와 '밀다'는 바탕을 같이하는 말이다. '물다'는 '물'이 다른 것을 무는 것처럼 어떤 것이 다른 것을 밀어서 속으로 들어가려고 하는 상태를 말하고, '밀다'는 사람이 손으로 벽을 미는 것처럼 어떤 것이 다른 것을 그냥 밀고 있는 상태를 말한다. 그런데 '물'은 다른 것을 만나는 방식에 따라 무는 일을 하기도 하고, 미는 일을 하기도 한다. 이를테면 어떤 것이 물에 닿으면 그냥 미는 일만 하고, 어떤 것이 물에 들어오면 무는 일을 하게 된다.

한국사람은 '물다'와 '밀다'를 바탕으로 '물리다'와 '밀리다'를 말한다. '물리다=물+리+다', 즉 '물리게 되는 것'으로, ① 어떤 사람이 모기에게 살갗을 물리는 일과 같은 것, ② 나라에서 어떤 사람에게 벌금을 물리는 일과 같은 것이 있다. 그리고 '밀리다=밀+리+다', 즉 '밀리게 되는 것'으로, ① 어떤 사람이 바람에 밀리는 일과 같은 것, ② 어떤 사람이 나라에 바칠 세금이 밀리는 것과 같은 것이 있다.

'물'이 다른 것을 만나면 언제나 절로 물거나 미는 일을 하게 되는 것은 '물'이 '무른 것'이기 때문이다. 물이 얼어서 얼음으로 바뀌면 다른 것을 만나더라도 물거나 밀지 않는다. 어떤 것이 언제나 절로 물거나 미는 일을 하게 되려면, 물처럼 물러야 한다. 기름이나 바람은 물처럼 무른 것이기 때문에 다른 것을 만나면 언제나 절로 무는 일과 미는 일을 하게 된다. 물에서 볼 수 있는 무른 성질을 바탕으로 '무르다', '물렁물렁하다', '흐물흐물하다'와 같은 말이 생겨났다.

한국사람은 물에서 볼 수 있는 '물고 물리는 일'과 '밀고 밀리는 일'을 바탕으로 삼아 무거운 것과 가벼운 것을 가르는 잣대를 만들었는데, 그것이 '무겁다'와 '가볍다'라는 말이다. '무겁다(무+겁+다)'는 어떤 것이 물이 밀어내는 힘을 이겨서 물속으로 가라앉는 것을 말하고, '가볍다(가+볍+다)'는 어떤 것이 물이 밀어내는 힘에 미치지 못해서 물의 '가(가장자리)'에 떠 있는 것을 말한다. 그리고 사람들은 어떤 것이 물을 이기는 무거움을 잣대로 삼아 '무게'라는 말을 쓰게 되었다.

한국사람은 '물고 물리는 일'과 '밀고 밀리는 일'을 하는 '물'에 어떤 것이 빠지거나 떠밀리거나 휩쓸려서 가라앉고, 떠내려가고, 무너지고, 허물어지고, 죽어가는 것을 보면서 물을 매우 두려워하게 되었다. 물에 바탕을 둔 '무섭다'라는 말이 나온 것은 그래서이다. 사람들은 '물', '불', '바람', '짐승'과 같은 것들 가운데 '물'을 가장 두려운 것으로 보았기 때문에 '무섭다'라는 말을 쓰게 되었다. 즉, 한국말에서 '물'은 '무는 것'으로 '물다', '물리다', '밀다', '밀리다', '무르다', '물렁물렁하다', '무겁다', '가볍다', '무게', '무섭다' 등과 바탕을 같이하는 말임을 알 수 있다.

水=흐르는 것, water=무르고 젖게 하는 것

중국말에서 '水'는 '물'이 흘러가는 꼴을 그려놓은 글자이다. '水'는 시냇물이 흘러가는 모양, 또는 흘러가는 시냇물 위로 비가 내리는 모양을 나타낸다. 처음에는 이러한 모양에 가깝도록 글자의 모양을 복잡하게 만들었으나, 나중에는 아주 간단하게 고쳤다. 그런데 처음에도 글자의 모양만 보고서 그것이 흐르는 물을 나타낸다는 것을 알아볼 수 없었다.

중국사람이 '물'을 '水'라는 글자로 나타냄으로써 물의 뜻이 매우 빈약해졌다. '水'라는 글자에 이끌리게 되면 물을 언제나 흘러가는 어떤 것으로 생각하게 되고, 그릇에 담긴 물처럼 고요하게 자리하고 있는 '물'을 매우 가볍게 여기게 된다. 그리고 '水'라는 글자에서는 '물'에서 볼 수 있는 '물고 물리는 일'이나 '밀고 밀리는 일'을 전혀 찾아볼 수 없다.

영국말에서 'water'는 '물렁물렁한 것', '젖을 수 있는 것'을 뜻하는 말이다. 'water'는 어떤 것이 물에 젖게 하거나, 어떤 것에 물을 대거나, 어떤 것에 물을 준다는 뜻으로 쓰이다가, 나중에는 어떤 것에 타서 묽게 만든다는 뜻으로도 쓰이게 되었다. 'water'라는 말이 어떠한 바탕에서 만들어졌는지에 대해서는 알 길이 없다.

오늘날 한국사람은 '물'과 '水'와 'water'를 같은 뜻으로 알고 쓴다. '물'과 '水'와 'water'에서 볼 수 있는 쓰임뜻만 생각하기 때문이다. 그런데 말이 만들어진 바탕을 보면 '물'과 '水'와 'water'는 다름을 알 수 있다. '물'은 '물고 물리는 일'과 '밀고 밀리는 일'에 바탕을 둔 말이고, '水'는 '시냇물에 비가 내리는 꼴'에 바탕을 둔 말이고, 'water'는 '젖게 하는 것'에 바탕을 둔 말이다. 이처럼 사람들은 그냥 말을 만들고 쓰는 것이 아니라, 나름으로 어떠한 바탕치를 잣대로 삼아 말을 만들고 쓴다.

08
개와 犬과 dog는 어떻게 같고 다를까

오늘날 한국사람은 '개'라는 말과 함께 '犬(견)', 'dog(도그)'와 같은 말을 아울러 쓴다. 사람들은 '개'라는 말을 바탕으로 삼아, 중국말에서 가져온 '犬'과 영국말에서 가져온 'dog'를 함께 배우고 쓴다.

개=물러가서 사라지게 하는 것

한국사람이 '犬'이나 'dog'를 풀어내는 잣대로 삼고 있는 '개'는 '개다'에 바탕을 둔 말로, '개'는 '개는 것'을 뜻한다. '개다=가+히+다'로, '가게 하는 것'을 말한다. 이런 까닭에 한국말에서 '개'가 무엇을 뜻하는 말인지 알기 위해서는 먼저 '가다'와 '개다'가 무엇을 뜻하는 말인지 살펴보아야 한다.

'가다'는 어떤 것이 여기서 저기로 나아가는 일을 말한다. 어떤 것이 여기서 저기로 나아가면, 그에 따라 여기와 저기를 둘러싸고 있는 것이 한쪽과 다른 한쪽으로 갈라지게 된다. 이를테면 유리창에 금이 가면 유리창은 금을 따라 한쪽과 다른 한쪽으로 갈라지게 되고, 골짜기에 물이 흘러가면 골짜기는 물을 따라 한쪽과 다른 한쪽으로 갈라지게 된다.

'가는 것'은 어떤 것에서 볼 수 있는 일의 시작과 과정과 결과를 아우른다. 이런 까닭에 어떤 것이 '가는 것'은 여기에서 어떤 것이 가는 일이 비롯해서, 여기와 저기를 둘러싸고 있는 것을 한쪽과 다른 한쪽으로 갈라쳐 나가는 과정을 거쳐서, 저기에 자리를 잡게 되는 결과에 이르는 것을 말한다. 이런 까닭에 ① 일의 '과정'을 중심으로 어떤 것이 '가는 것'을 보게 되면, '가는 것'을 여기와 저기를 둘러싸고 있는 것을 한쪽과 다른 한쪽으로 갈라쳐 나가는 것으로 알아보게 되고, ② 일의 '결과'를 중심으로 어떤 것이 '가는 것'을 보게 되면, '가는 것'을 여기에 있던 것이 저기에 자리하게 되는 것으로 알아보게 된다.

한편, '비가 개다'라고 할 때 '개다=가+이+다'로, '가는 일'의 '결과'에 초점을 둔 말이다. '개다(가+이+다)'는 어떤 것이 '가게 되어서 자리에서 사라지는 것'을 뜻한다. 이를테면 비가 개는 것은 비가 여기에 자리하고 있다가 저기로 물러가서 사라지는 것을, 구름이 개는 것은 구름이 여기에 자리하고 있다가 저기로 물러가서 사라지는 것을 말한다. 이러한 '개다'는 여기에 있던 것이 물러가는 과정을 통해 사라져서 없는 결과에 이르게 된다.

'이불을 개다'라고 할 때 '개다=가+히+다'로, '가는 일'의 '과정'에 초점을 둔 말이다. 이때는 '개다'를 '개키다'라고도 한다. '개다(가이다/가히다/개키다)'는 어떤 것이 '가게 되는 일을 하게 되는 것'을 뜻한다. 이를테면 이불을 개는 것은 이불을 이쪽과 저쪽으로 결이 가도록 접고 접어서 다루거나 보관하기 쉽게 만드는 일이고, 옷을 개는 것도 마찬가지이다. 이렇듯 이불이나 옷을 개는 것은 이불이나 옷이 그 자리에 있으면서 결이 가도록 하는 일이다.

'가'와 '가다', '개다(가+이+다)'와 '개다(가+히+다)'가 무엇을 뜻하는 말인지 알면, 한국사람이 '개'를 왜 '개'라고 부르게 되었는지 알 수 있다. '개'의 옛말은 '가히'로, '가히'가 '개'로 줄어서 오늘날에는 '개'로 완전히 바뀌었다.

'개'는 '가로 가서 개는 것'을 말한다. 이는 '개'가 냄새, 소리, 빛깔, 떨림과 같은 것을 바탕으로 삼아, 저를 둘러싸고 있는 '가'로 나아가서, '가'의 안쪽과 바깥쪽을 갈라서 경계를 지어 가지고, '가'의 안쪽을 저의 영역으로 지키는 일을 매우 잘하는 것으로 보았기 때문이다.

사람들이 개를 기르게 된 데는 크게 두 가지 까닭이 있다. 하나는 '개'가 저의 둘레를 에워싸고 있는 것들로 나아가서 안팎으로 경계를 짓고 그 안쪽을 지키는 일에 매우 뛰어났기 때문이고, 다른 하나는 개가 임자와 남을 갈라서 좇고 따르는 일이나 사람과 사람이 아닌 것을 갈라서 좇고 따르는 일에 매우 뛰어났기 때문이다. 사람들은 개를 거느리게 됨으로써 깜깜한 밤에도 편안하게 잠을 잘 수 있었다. 이런 까닭에 사람들은 저들이 먹는 아까운 음식을 개에게 나누어주면서 개와 함께해왔다.

──── 犬은 그림글자, dog는 견종의 하나로 짐작

중국말에서 '犬'은 '개'가 사람에게 꼬리 치는 모습을 그려놓은 글자이다. 처음에는 '犬'이라는 글자가 꼬리 치는 '개'의 모습과 비슷하게 보이도록 애를 썼지만, 그때도 글자만 보고서는 '개'라고 알아볼 수 없었다. 때가 흐르면서 글자의 모습이 오늘날과 같이 바뀌자, '犬'에서 '개'의 모습을 알아볼 수 없게 되었다.

영국말에서 'dog'가 어떠한 바탕을 갖고 있는 말인지는 알 수가 없다. 'dog'는 독일, 스웨덴, 덴마크에서 볼 수 있는 'hund(훈트)' 계통의 말이나 이탈리아, 포르투갈, 스페인에서 볼 수 있는 'cane(카네)' 계통의 말과는 연결 지을 수 없는 말이다. 아마도 영국사람들이 개의 종류 가운데 어느 하나를 가리키는 'dog'를 개를 대표하는 이름으로 쓰게 되었으리라 짐작된다.

오늘날 한국사람은 '개'과 '犬'과 'dog'를 같은 뜻으로 알고 쓴다. '개'와 '犬'과 'dog'에서 볼 수 있는 쓰임뜻만 생각하기 때문이다. 그런데 말이 만들어진 바탕을 보면 '개'와 '犬'과 'dog'는 다름이 있음을 알 수 있다. '개'는 경계를 짓고 지키는 일을 하는 것에 바탕을 둔 말이고, '犬'은 개가 사람 눈에 보이는 모습에 바탕을 둔 말이고, 'dog'는 사람들이 그냥 어떤 것을 '개'라고 싸잡아 일컫게 된 것에 바탕을 둔 말이다. 이처럼 사람들은 그냥 말을 만들고 쓰는 것이 아니라, 나름으로 어떠한 바탕치를 잣대로 삼아 말을 만들고 쓴다.

09 돈과 錢과 money는 어떻게 같고 다를까

오늘날 한국사람은 '돈'이라는 말과 함께 '전(錢)', '금전(金錢)', '화폐(貨幣)', '지폐(紙幣)', '머니(money)'와 같은 말을 아울러 쓴다. 사람들은 '돈'이라는 말을 잣대로 삼아, 중국말에서 가져온 '전', '금전', '화폐', '지폐'와 영국말에서 가져온 '머니'를 함께 배우고 쓴다.

돈=돌고 돌게 하는 것

'돈'은 '돌다'에 뿌리를 둔 말로, '도는 것'을 뜻한다. '돈'이라는 말의 바탕을 알기 위해서는 먼저 '돌다'가 무엇을 뜻하는 말인지 살펴보아야 한다.

'돌다'는 방향이 반대가 되도록 하는 것을 말한다. 어떤 것이 도는 것은 방향을 180도로 바꾸는 것이다. 이를테면 '돌아서는 것'은 방향을 180도로 바꿔서 반대로 서는 것을, '돌아가는 것'은 방향을 180도로 바꿔서 반대로 가는 것을, '돌아오는 것'은 방향을

180도로 바꿔서 반대로 오는 것을 말한다.

'돌리다=돌+리(이)+다'로, 어떤 것이 방향을 180도로 바꾸도록 만드는 것이다. 이를테면 '돌려놓는 것'은 방향을 180도로 바꿔서 놓는 것을, '돌려 앉히는 것'은 방향을 180도로 바꿔서 앉히는 것을, '돌려세우는 것'은 방향을 180도로 바꿔서 세우는 것을 말한다.

'되돌다'는 어떤 것이 180도로 돈 상태에서, 다시 한번 180도로 돌아서, 본래의 방향과 같아지는 것이다. 이를테면 '되돌아서는 것'은 돌아선 상태에서 다시 한번 돌아서 본래의 방향과 같게 서는 것을, '되돌아가는 것'은 돌아간 상태에서 다시 한번 돌아가서 본래의 자리와 같게 되는 것을, '되돌아오는 것'은 돌아온 상태에서 다시 한번 돌아와서 본래의 자리와 같게 되는 것을 말한다.

한국사람은 어떤 것이 한 바퀴 돌아서 본래의 자리로 되돌아오는 것을 '빙 돌다'라고 말한다. 그리고 어떤 것이 돌고 도는 일을 이어가는 것을 '맴돌다', '빙빙 돌다', '뱅뱅 돌다'라고 말한다. '맴돌다'는 어떤 것이 한자리에서 돌고 도는 일을 이어가는 것을, '빙빙 돌다'와 '뱅뱅 돌다'는 어떤 것이 이리저리 자리를 옮아가면서 돌고 도는 일을 이어가는 것을 말한다.

한국사람은 사람이 만들어 쓰는 것 중에서 이리저리 자리를 옮겨가며 빙빙 또는 뱅뱅 도는 일을 하도록 만들어진 것을 '돈'이라고 보았다. 사람들은 빙빙 또는 뱅뱅 도는 일을 하는 돈을 가지고, 갖가지로 물건이나 일손을 사고파는 일을 한다. '돈'이 물건이나 일손을 돌릴 수 있는 힘을 갖게 함으로써, 돈에 기대어 서로에게 필요한 갖가지 것들을 이리저리 주고받으며 함께 어울려 살아간다.

──── '錢'과 '幣'는 돈의 재질, money는 돈을 만든 장소

중국말에서 '돈'을 뜻하는 '錢(전)'과 '幣(폐)'는 사람이 '돈'으로 쓰는 것의 재질을 나타낸다. '錢'은 金(금)과 戔(잔)을 어우른 글자로, 사람이 쇠를 가지고 쟁기와 비슷한 모양으로 돈을 만들어 쓴 것을 뜻하는 말이다. 나중에는 錢의 모양이 동그란 것으로 바뀌었다. 그리고 '幣'는 敝(폐)와 巾(건)으로 이루어진 글자로, 사람이 비단이나 베를 가지고 돈으로 쓴 것을 뜻하는 말이다. 중국사람은 '錢'과 '幣'를 바탕으로 삼아 金錢(금전), 貨幣(화폐), 紙幣(지폐)와 같은 것을 만들어 써왔다.

영국말 'money'는 돈으로 쓰일 수 있는 모든 것을 가리킨다. 'money'는 라틴말 'moneta(모네타)'에 뿌리를 둔 말이다. 'moneta'는 돈을 주조하는 장소인 'Moneta'를 가리킨다. 'Moneta'에는 로마 신화의 최고신 유피테르(Jupiter=제우스)의 아내인 '유노(Juno=헤라)'의 신전이 자리하고 있었는데, 'Moneta'는 'Juno'를 가리키는 말로도 쓰였다. 이렇게 보면 'money'는 'Moneta'의 신전이 자리한 곳을 뜻하는 말이면서, 돈을 주조하는 장소가 자리한 곳을 뜻하는 말이라고 할 수 있다.

  오늘날 한국사람은 '돈'과 '錢'과 'money'를 같은 뜻으로 알고 쓴다. '돈'과 '錢'과 'money'에서 볼 수 있는 쓰임뜻만 생각하기 때문이다. 그런데 말이 만들어진 바탕을 보면 '돈'과 '錢'과 'money'는 다름이 있음을 알 수 있다. '돈'은 물건이나 일손을 돌아가게 만드는 힘에 바탕을 둔 말이고, '錢'이나 '幣'는 돈으로 쓰이는 것의 재질에 바탕을 둔 말이고, 'money'는 돈이 만들어진 장소에 바탕을 둔 말이다. 이처럼 사람들은 그냥 말을 만들고 쓰는 것이 아니라, 저마다 나름으로 어떠한 바탕치를 잣대로 삼아 말을 만들고 쓴다.

  사람들이 함께 어울려 잘 살아가기 위해서는 돈이 안으로 고루고루, 밖으로 두루두루 잘 돌아야 한다. 그래야 누구나 저마다 필요한 것을 돈으로 사고파는 일을 잘할 수 있다. 그런데 몇 해 전 코로나19가 세상에 널리 퍼지자, 사람들이 만나는 일을 꺼리고 멀리하게 되면서, 곳곳에서 돈을 쓰는 일과 버는 일이 제대로 돌아가지 않게 되었다. 이로 말미암아 나날이 돈을 벌어 살아가는 사람들은 끼니를 잇는 것조차 힘들어졌다. 덩치 큰 회사들도 고객을 만나는 일이 어려워지면서 돈이 돌지 않아 애를 먹었다. 그래서 나라마다 어떻게 하면 돈을 잘 돌게 할 수 있을지를 놓고 크게 골머리를 앓았었다. '돈'이 '도는 것'을 뜻하는 말임을 다시 한번 곱씹게 된 계기였다.

10
사무침과 疏通과 communication은 어떻게 같고 다를까

오늘날 한국사람은 사람들이 말이나 짓을 가지고 어떤 것에 대한 뜻을 함께하고자 하는 것을 '소통(疏通)'이라고 한다. 『표준국어대사전』에서는 소통을 이렇게 풀이하고 있다. "1. 막히지 아니하고 잘 통함. 2. 뜻이 서로 통하여 오해가 없음."

한국사람이 '소통'이라는 어려운 한자 낱말을 쓰게 된 것은 영국말 '커뮤니케이션(communication)'을 소통으로 번역하면서 시작된 일이다. 일본 학자들이 영국말 'communication'을 '소통'이라는 한자 낱말로 번역해서 쓰자, 한국사람과 중국사람이 따라 쓰게 되었다. 그런데 중국사람은 소통이라는 말과 함께 '구통(沟通)'이라는 나름의 말도 함께 쓰고 있다. '구통'은 골짜기에 물길이 생겨서 이쪽과 저쪽이 서로 통하게 되는 것처럼, 사람이 서로 뜻을 함께하는 것을 말한다.

한국사람은 소통이라는 말을 자주 쓰지만, 소통이 어떻게 '서로 뜻을 통하는 것'으로 쓰이게 되었는지는 알지 못한다. 이런 까닭에 한문을 제법 잘 안다는 사람에게 소통의 뜻을 물어보아도 '소통'은 '그냥 소통하는 것'으로 풀어내는 것을 볼 수 있다.

─── 疏通은 떨어진 것이 서로 통함, communication은 말이나 행동을 함께함

'疏通'에서 '疏(소)'는 이쪽과 저쪽이 떨어져 있는 것을 뜻하며, '疋(소)'와 '㐬(류)'가 어우러진 글자이다. '疋'는 물가에 서 있는 사람을 나타내고, '㐬'는 물에 떠내려가는 아기를 나타내는데, 이쪽과 저쪽이 서로 떨어져 있지만 함께할 수밖에 없는 관계임을 뜻한다고 할 수 있다. 물가에 있는 사람과 물에 떠내려가는 아기는 서로 떨어질 수 없는 긴박한 관계에 있다.

서로 떨어져 있지만 긴박한 관계에 있는 이쪽과 저쪽이 서로 통하면 '소통(疏通)'이 되고, 서로 가볍게 여기면 '소홀(疏忽)'이 되고, 서로 밀쳐내면 '소척(疏斥)'이 되고, 서로 밀어내면 '소외(疏外)'가 된다. 이처럼 '소(疏)'는 사람들이 함께함으로 나아가면 '소통'이 되고, 따로 함으로 나아가면 '소홀'과 '소외'가 된다. 그런데 학자들조차 '소(疏)'를 서로 통하는 것으로 잘못 알아서 '소(疏)'와 '통(通)'을 모두 '통할 소'와 '통할 통'으로 풀이하는데, 이는 매우 잘못된 것이다.

한국사람이 뜻을 알기 어려운 말을 가지고 '소통'의 뜻을 '서로 뜻을 잘 통하게 하는 것'이라고 풀어서 배우고 쓰는 것은 매우 억지스러운 일이다. 이런 까닭에 누구나 "소통을 잘해야 한다"라고 말하지만, 그들이 생각하는 '소통'은 매우 흐릿하고 어설픈 것에 지나지 않게 된다.

영국말 'communication'은 이쪽과 저쪽이 함께하는 것을 뜻하는 'co/com'과, 사람들이 어떤 것을 함께하고, 같이하고, 더불어 하는 일을 통해 모두가 나누어 가지는 것을 뜻하는 'mun/muni'가 어우러진 말이다. 즉, 'communication'은 이쪽과 저쪽이 행동이나 말과 같은 것을 함께해서, 모두가 함께 나누어 가질 수 있는 상태로 나아가는 것을 뜻한다.

오늘날에는 사람들이 저마다 나름의 생각을 가지고 갖가지로 다르게 살아가는 가운데 서로 뜻을 모아 민주주의 사회를 꾸려가야 하기에, '커뮤니케이션'의 중요성이 더욱 커졌다. 이런 까닭에 사람들은 어디에서건 '커뮤니케이션'을 앞세운다.

오늘날 한국사람은 '소통'이라고 말하면서 '커뮤니케이션'을 잘하고 싶어 하지만, 뜻대로 잘해낼 수가 없다. 사람들은 '소통'이나 '커뮤니케이션'이라는 말에 걸려서, 매우 흐릿하고 어설픈 방식으로 그냥 소통과 커뮤니케이션을 한다. 소통과 커뮤니케이션을 잘하기 위해서는 뜻이 또렷하고 야무진 바탕 낱말을 찾아, 제대로 배우고 쓸 수 있어야 한다.

사무침=서로 묻고 묻히어 하나의 우리를 이룸

한국말에서 사람들이 말이나 몸짓을 가지고 어떤 것에 대한 뜻을 함께하고자 함을 담아내는 바탕 낱말은 '사무치다'이다. '사무치다=사+묻히다'로, '사'와 '묻히다'가 어우러진 말이다. '사+묻히다'에서 '사'는 이쪽과 저쪽이 서로 사이를 두고 떨어져 있는 것을 말하고, '묻히다(묻+히+다)'는 이쪽에 있는 것이 다른 쪽에 있는 것으로 들어가서 묻히게 됨으로써 이쪽과 저쪽이 함께 하나의 우리를 이루는 것을 말한다. 사람들은 사무치는 일을 통해 사이를 두고 있는 이쪽과 저쪽이 서로 묻히는 일을 하게 됨으로써, 하나의 우리를 이루어서 함께 더불어 살아가게 된다.

그런데 사람들이 말이나 몸짓을 가지고 어떤 것에 대한 뜻을 함께하려면, 이쪽과 저쪽이 서로 꿰어서 맞을 수 있어야 한다. 그래야 그것을 바탕으로 삼아 이쪽의 것과 저쪽의 것이 서로 들어가서 함께 사무칠 수 있다. 이를테면 훈민정음에서 한국말과 중국말이 서로 꿰어서 맞을 수 없는 것을 "서로 ᄉᆞᄆᆞᆺ디 않기 때문에 서로 뜻을 통할 수 없다"라고 말한 것과 같다. 서로 꿰어서 맞지 않으면 함께해도 따로 놀기 때문에 서로 사무치는 일이 일어날 수 없다.

오늘날에는 서로 꿰어서 맞는 것을 뜻하는 'ᄉᆞᄆᆞᆺ다'라는 말을 쓰지 않는다. 그리고 서로 꿰어서 맞는 것이 들어가서 묻힘으로써 함께 하나의 우리를 이루게 되는 것을 뜻하는 '사무치다'가, '소통'과 '커뮤니케이션'을 뜻하는 말임을 알지 못한다. 사람들은 뜻이 매우 또렷한 '사무침'이라는 말은 버려둔 채, 뜻이 매우 흐릿한 '소통'과 '커뮤니케이션'을 배우고 쓴다. 그러니 소통과 커뮤니케이션이 잘될 수가 없다.

한국사람이 '사무치다'의 뜻을 제대로 깨쳐서 "소통이 필요하다", "커뮤니케이션이 필요하다"라고 말하는 대신에 "사무침이 필요하다"라고 말하게 된다면, 그리고 "소통해야 한다", "커뮤니케이션해야 한다"라고 말하는 대신에 "사무쳐야 한다"라고 말하게 된다면, 서로 뜻을 주고받는 일을 더욱 깊게, 더욱 넓게 할 수 있을 것이다.

묻따풀 한국말
– 묻고 따져서 풀어보는 한국말

2025년 3월 11일   초판 1쇄 찍음
2025년 3월 21일   초판 1쇄 펴냄

지은이 최봉영
펴낸이 송문숙
책임편집 류미정 | **디자인** 올컨텐츠그룹
마케팅 최근홍

펴낸곳 묻따풀학당
출판등록 2020년 11월 19일 제385-251002020000175호
주소 경기도 안양시 동안구 부림로 113 평촌아이파크 1602호
전화 031-384-4220
전자우편 muttapul@gmail.com

ⓒ 최봉영 2025

ISBN 979-11-972995-5-1 03700

- 이 책 내용의 전부 또는 일부를 재사용하려면
  반드시 저작권자와 묻따풀학당 양쪽의 서면 동의를 받아야 합니다.
- 책값은 뒤표지에 표시되어 있습니다.